涛声

美丽的罗坑水库

冼太铜像

晏镜岭、童子湾

东湖冼太广场

旖旎西湖

美丽西湖

东湖夜色

东湖春色

美丽的绿色农庄远眺

茂名滨海公园

疑是天山飞南粤

“十二五”国家重点图书出版规划项目

社会系列

电白史话

A Brief History of Dianbai

刘小涛 主编

社会科学文献出版社
SOCIAL SCIENCES ACADEMIC PRESS (CHINA)

《电白史话》编辑委员会

总 序

中国是一个有着悠久文化历史的古老国度，从传说中的三皇五帝到中华人民共和国的建立，生活在这片土地上的人们从来都没有停止过探寻、创造的脚步。长沙马王堆出土的轻若烟雾、薄如蝉翼的素纱衣向世人昭示着古人在丝绸纺织、制作方面所达到的高度；敦煌莫高窟近五百个洞窟中的两千多尊彩塑雕像和大量的彩绘壁画又向世人显示了古人在雕塑和绘画方面所取得的成绩；还有青铜器、唐三彩、园林建筑、宫殿建筑，以及书法、诗歌、茶道、中医等物质与非物质文化遗产，它们无不向世人展示了中华五千年文化的灿烂与辉煌，展示了中国这一古老国度的魅力与绚烂。这是一份宝贵的遗产，值得我们每一位炎黄子孙珍视。

历史不会永远眷顾任何一个民族或一个国家，当世界进入近代之时，曾经一千多年雄踞世界发展高峰的古老中国，从巅峰跌落。1840 年鸦片战争的炮声打破了清帝国“天朝上国”的迷梦，从此中国沦为被列强宰割的羔羊。一个个不平等条约的签订，不仅使中国大量的白银外流，更使中国的领土一步步被列强侵占，国库亏空，民不聊生。东方古国曾经拥有的辉煌，也随着西方列强坚船利炮的轰击而烟消云散，中国一步步堕入了半殖民地的深渊。不甘屈服的中国人民也由此开始了救国救民、富国图强的抗争之路。从洋务运动到维新变法，从太平天国到辛亥革命，从五四运动到中国共产党领导的新民主主义革命，中国人民屡败屡战，终于认识到了“只有社会主义才能救中国，只有社会主义才能发展中国”这一道理。中国共产党领导中国人民推倒三座大山，建立了新中国，从此饱受屈辱与蹂躏的中国人民站起来了。古老的中国焕发出新的生机与活力，摆脱了任人宰割与欺侮的历史，屹立于世界民族之林。每一位中华儿女应当了解中华民族数千年的文明史，也应当牢记鸦片战争以来一百多年民族屈辱的历史。

当我们步入全球化大潮的21世纪，信息技术革命迅猛发展，地区之间的交流壁垒被互联网之类的新兴交流工具所打破，世界的多元性展示在世人面前。世界上任何一个区域都不可避免地存在着两种以上文化的交汇与碰撞，但不可否认的是，近些年来，随着市场经济的大潮，西方文化扑面而来，有些人唯西方为时尚，把民族的传统丢在一边。大批年轻人甚至比西方人还热衷于圣诞节、情人节与洋快餐，对我国各民族的重大节日以及中国历史的基本知识却茫然无知，这是中华民族实现复兴大业中的重大忧患。

中国之所以为中国，中华民族之所以历数千年而不分离，根基就在于五千年来一脉相传的中华文明。如果丢弃了千百年来一脉相承的文化，任凭外来文化随意浸染，很难设想13亿中国人到哪里去寻找民族向心力和凝聚力。在推进社会主义现代化、实现民族复兴的伟大事业中，大力弘扬优秀的中华民族文化和民族精神，弘扬中华文化的爱国主义传统和民族自尊意识，在建设中国特色社会主义的进程中，构建具有中国特色的文化价值体系，光大中华民族的优秀传统文化是一件任重而道远的事业。

当前，我国进入了经济体制深刻变革、社会结构深刻变动、利益格局深刻调整、思想观念深刻变化的新的历史时期。面对新的历史任务和来自各方的新挑战，全党和全国人民都需要学习和把握社会主义核心价值体系，进一步形成全社会共同的理想信念和道德规范，打牢全党全国各族人民团结奋斗的思想道德基础，形成全民族奋发向上的精神力量，这是我们建设社会主义和谐社会的思想保证。中国社会科学院作为国家社会科学研究的机构，有责任为此作出贡献。我们在编写出版《中华文明史话》与《百年中国史话》的基础上，组织院内外各研究领域的专家，融合近年来的最新研究，编辑出版大型历史知识系列丛书——《中国史话》，其目的就在于为广大人民群众尤其是青少年提供一套较为完整、准确地介绍中国历史和传统文化的普及类系列丛书，从而使生活在信息时代的人们尤其是青少年能够了解自己祖先的历史，在东西南北文化的交流中由知己到知彼，善于取人之长补己之短，在中国与世界各国愈来愈深的文化交融中，保持自己的本色与特色，将中华民族自强不息、厚德载物的精神永远发扬下去。

《中国史话》系列丛书首批计200种，每种10万字左右，主要从政治、经济、文化、军事、哲学、艺术、科技、饮食、服饰、交通、建筑等各个方面介绍了从古至今数千年来中华文明发展和变迁的历史。这些历史不仅展现了中华五千年文化的辉煌，展现了先民的智慧与创造精神，而且展现了中国人民的不屈与抗争精神。我们衷心地希望这套普及历史知识的丛书对广大人民群众进一步了解中华民族的优秀文化传统，增强民族自尊心和自豪感发挥应有的作用，鼓舞广大人民群众特别是新一代的劳动者和建设者在建设中国特色社会主义的道路上不断阔步前进，为我们祖国美好的未来贡献更大的力量。

陈奎元

2011年4月

出版说明

自古至今，始终坚持不懈地从漫长的文明进程中不断总结历史经验教训，从中汲取有益营养，从而培植广阔的历史视野，并具有浓厚的历史意识，这是我们中国文化独有的鲜明特征，中华民族亦因此而以悠久的“重史”传统著称于世。在整个人类文明史上独一无二、系统完备的“二十四史”即证明了这一点。

中华人民共和国成立后，历史知识普及工作被放到十分重要的位置。20 世纪五六十年代，著名历史学家吴晗主持编写的《中国历史小丛书》，90 年代中国社会科学院院长胡绳组织编写的《中华文明史话》和《百年中国史话》，成为“大家小书”的典范，而后两套历史知识普及丛书正是《中国史话》之缘起。

2010 年年初，为切实贯彻中央关于“做好历史知识普及工作”的指示精神，同时也为了更好地弘扬中国传统文化，我们对《中华文明史话》和《百年中国史话》

两套丛书的内容进行了修订和增补，重新设计框架，以“中国史话”为丛书名出版。第十一届全国政协副主席、时任中国社会科学院院长陈奎元亲任《中国史话》一期编委会主任，时任中国社会科学院副院长武寅任编委会副主任。正是有了各级领导的关心支持和诸多学术名家的积极参与，《中国史话》一期200种图书得以顺利出版，并广受好评。

《中国史话》丛书的诞生，为历史知识普及传播途径的发展成熟，提供了一种卓具新意的形式。这种形式具有以通俗表述、适中篇幅和专题形式展现可靠历史知识的特征。通俗、可靠、适中、专题，是史话作品缺一不可的要素，也是区别于其他所有研究专著、稗官野史、小说演义类历史读物的独有特征。

囿于当时条件，《中国史话》一期的出版形式不尽如人意，其内容更有可以拓展的广阔空间，为此2013年4月我们启动了《中国史话》二期出版工作。《中国史话》二期分为经济、政治、文化、社会和生态五大系列，拟对中国各区域、各行业、各民族等的发展历史予以全方位介绍。我们并将在适当时机，启动《世界史话》的出版工作。史话总规模将达数千种。

我们愿携手海内外专家学者，将《中国史话》《世界史话》打造成以现代意识展现全部人类历史和人类文明，集学术性、知识性、趣味性于一体的“万有文库”；并将承载如此丰厚内容的史话体写作与出版努力锻造成新时期独具特色的出版形态。

希望史话丛书能在形塑民族历史记忆、汲取人类文明精华、培育现代国民方面有所贡献，并为广大读者所喜爱。

史话编辑部

2014 年 6 月

序

以史为鉴，可以阅古知今；修史资政，旨在开创未来。

《电白史话》作为《中国史话》丛书之一，是一本推介电白历史、传统文化、民俗风情和经济社会发展特色、亮点的通俗读物。它的出版，为全区广大干部群众奉上了一份乡味浓郁的文化鲜品，令人点赞。

电白人杰地灵，物华天宝。千百年来，电白先民在这方热土开发、建设，生息繁衍。然而在浩如烟海的典籍里，记述电白历史轨迹的文字却寥若晨星，对深入了解、研究电白甚感遗憾。幸而中国社会科学院社会科学文献出版社“十二五”国家重点图书出版规划项目《中国史话》，将千年电白的发展变迁史的编写出版列入其中，可喜可贺。机会难得，区委宣传部组织区文史工作战线上的专家学者和各相关单位成立了编委会，本着实事求是的原则，搜求探索，编撰了这本《电白史话》，使电白不少鲜为人知的重大历史文献和历史文化，拂去尘封，重新闪烁出耀眼的光芒。全书贯穿着展现电白历史人文风貌、塑造电白良好形象这一主题，字里行间凝聚着编撰者的智慧和汗水。全书谋篇有据，布局合理，重点突出，脉络分明，记叙有序，史实清晰，知趣结合，让读者从中对电白由历史深处走来、一路坚定前行有一个明晰、系统的了解，也为外界了解认识电白、投资建设电白提供了厚实的历史文化氛围。这是一本热爱电白、礼赞电白、讲好电白故事的资政存史之书，对进一步挖掘研究电白历史文化、启迪发展思路、以史资政造福桑梓，具有重要的现实意义和深远的历史意义。

在电白这块热土上，党和国家众多领导人以及外宾、各界名人曾留下足迹，这是我们可引以为豪的。如今，挖掘研究和开发利用电白历史文化遗存，增加建设美丽的现代化滨海新电白更多文化内涵，带动文化旅游产业快速健康发展，显得日益重要和紧迫。与历史上任何时期相比，今天的新电白更具活力。在新一届党政领导班子带领下，全区上下大力倡导为民务实、清廉团结，坚持稳中求进、稳中提质、稳中增效的工作总基调，坚持抓项目、治环境、惠民生的发展思路，紧抓党建、维稳两条主线，坚持抓铁有痕，从小事做起，踏石留印，凭实干兴区。200 万勤劳勇敢的电白人民正满怀信心践行“开放、包容、实干、诚信”的新时期电白精神，主动适应经济发展新常态，加快城市扩容提质，建设广东最具活力的滨海新城，争当湛茂阳临港经济圈核心区和粤西县域经济排头兵。我们相信，有“冼夫人故里”美誉、“全国水果和农、林、牧、渔总产值百强县”与“五好县”之称的璀璨明珠电白，将秉承千年文脉和禀赋，在当今大众创业、万众创新的热潮中，以习近平总书记提出的“四个全面”治国理政方略和“一带一路”宏伟蓝图为行动纲领，理清发展思路，抢抓机遇，锐意创新，奋发有为，力求经济和社会各项事业迅猛发展，共同谱写出全面建成电白小康社会、人民更加幸福美好生活的新篇章！

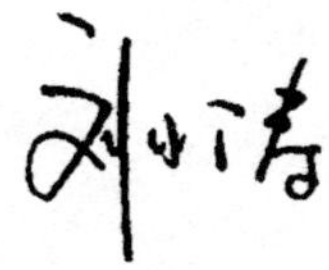

引　言

茂名市电白区位于广东省西部，粤西地区的东部，茂名市的东南部，位于东经110°54′~111°29′、北纬21°22′~21°59′。南部濒临南海，东部与阳江市阳西县交界，东北部毗邻阳春市，北部连接高州市，西部紧靠茂名市区，西南部接壤湛江吴川市。东西宽约50公里，南北长约55公里，陆地面积2229平方公里，海岸线长220公里，有放鸡岛等21个岛礁，40米等深线以内海域面积约4300平方公里（其中20米等深线以内海域面积1047平方公里）。电白区人民政府驻地水东镇，2014年末全区户籍人口约200万，距茂名市主城区20公里，距省会广州市约350公里。

“电白”之名，源于两个传说。

一说，电白初建定址时，其后山为宝山。在宝山的悬崖峭壁上有一岩洞名龙湫岩，深不可测。相传投石其中，即会雷电交加，白光闪烁，因而将郡名定为电白郡。

二说，粤西南的电白至湛江雷州半岛一带，地多干旱，一年四季都有雷电，尤以夏季为多，常毁物伤人畜，因而便有电白、雷州之地名称谓。此说以电白多雷电而得名。

电白历史悠久，文化底蕴深厚。尧舜时代为南交地，秦时属南海郡，汉为合浦郡，三国时属吴国高凉郡，南北朝析高凉郡置电白、海昌二郡，郡址设在高凉西北境（今高州市长坡旧城村）；隋朝开皇九年（589），电白、海昌两郡合并为电白县，这是电白以县称之始，隶属高州，治所未变；唐贞观二十三年（649），高州徙治良德县；元世祖至元十七年（1280）高州改为高州路，路治电白县；明洪武元年（1368），高州路改为高州府；明成化三年（1467）九月，电白县治所自旧城迁往神电卫城（今电城镇），县名如故；清仍袭明制，隶广东省高雷道；民国隶属广东省南路专区、高雷专区；解放后隶属广东省湛江专（地）区，1983 年隶属广东省茂名市。

电白依山傍海，区位独特，水陆交通发达，战略位置重要。既是粤、桂、琼三省区的交会点和腹地，又是港澳和珠江三角洲通往大西南的过渡地带，自古以来就有“粤西咽喉”之称。

电白资源丰富，物华天宝。山区、平原、沿海台地兼而有之，境内矿产已探明的有 7 类 40 多个品种，石灰石、高岭土、钾长石、油页岩、锆英石等储量特别丰富；野生植物资源有 480 多个品种；境内土地肥沃，水资源充足，农业发达。盛产热带、亚热带水果和南药，有“中国沉香种植面积第一县”的美誉，是中国沉香之乡；荔枝、龙眼、香蕉等水果名扬天下，其中荔枝是全国连片种植面积最大的产业带；农产品品种多样，是粤西著名的北运菜和淡水、海水水产品生产基地，其中水东芥菜、正红红心鸭蛋、罗非鱼、极品海鲜等最负盛名，是全国著名的水果总产百强县和水产品百强县。

电白人杰地灵，名人辈出。古代主要有被周恩来总理称为“中国巾帼英雄第一人”的冼太夫人，还有其子孙冯仆、冯盎、冯智戴及唐代宦官高力士（冯元一）；南宋抗元英雄、被宋末帝敕封为“忠烈侯”的黄十九；为官清正廉明的“真御史”黄子平；爱民如子的罗城知县黄廷圭；被人们称为“虚堂一镜”的明朝吴县知县、肃贪好官崔浩；清乾隆御笔赐《悼阵亡游击邵应邺诗》的民族英雄邵应邺，等等。近现代主要有革命烈士邵贞昌、黄履韵、程允祯、王杰、林凤文、李嘉、梁之模、黄祖文，已故抗日爱国将领李以劻，全国著名土壤专家谢申等；当代主要有中国社会科学院文学研究所所长、著名文学理论家杨义，中国稀土化学研究专家黎乐明，深圳市原市委书记李灏，阳江市原市委书记梁振元，以及严子刚、吴兆奇、陈光宗、蔡旭等。

电白文化多元，人文荟萃。这里曾是岭南俚人聚居地，后来汉人从中原南移，多民族杂居，千百年来形成了俚乡风情、冼太文化、民间民俗文化（含俚族、客家、疍家、龙舟及年例文化等）、海洋文化、荔枝文化等极负盛名，电白赛龙舟、高脚狮、麒麟舞、鳌鱼舞、火龙舞、凤鸡舞、火把舞、木偶戏、客家山歌、咸水山歌、水东曲艺等名扬省内外，荣膺广东省“龙舟之乡”和“体育先进县”；被列入省、市级非物质文化遗产的高脚狮、麒麟舞、鳌鱼舞等底蕴深厚，其中省级

"非物质文化遗产"高脚狮于2010年应邀参加上海世博会"广东周"文艺演出，引起轰动；市级"非物质文化遗产"麒麟舞曾荣获全国首届麒麟舞大赛金奖；望夫山、虎头山、放鸡岛、香女河等传说美丽神奇；清煮海蟹、鱼炸蚝炸、白切鸡、水东鸭粥等舌尖上的电白美食令人回味无穷；血腥风雨（电白"四二二"反革命事件）、抗日枪声（电白军民打响南路抗日第一枪）等历史事件引人注目。

电白山川秀丽，风景如画。这里有被评为"国保"单位的隋谯国夫人冼氏墓，有娘娘庙（冼太庙）、晏公庙、庄山庙、天后宫、"神电卫城"钟鼓楼、汪氏宗祠、黄十九墓、"罗城井"等名胜古迹；有海水能见度亚洲第一、世界第二的放鸡岛天然潜水基地，有中国最大的咸水潟湖——水东湾；有流量大和含有多种矿物质的温泉——麻岗御水古温泉、观珠温泉、沙院咸水温泉。著名旅游景区，有冼太夫人故里景区，是弘扬爱国主义精神的重要教育基地；有建于明弘治年间的"罗城井"（又称"清官井"），是新时期开展反腐倡廉教育的活样板；其他如鹅凰嶂岭、浮山岭、望夫山、虎头山、龙头山、浪漫海岸、沿海"绿色长城"、滨海公园、菠萝山森林公园、水东湾红树林等景观已成为登山、观海、游览、运动、健身、避暑、度假的胜地；唐朝宰相杨炎（727～781）、李德裕（787～850）被贬崖州时登过的放鸡岛，已是著名的"海上娱乐世界"，不但是广东省首批旅游精品景区和"国家4A级旅游景区"，更是天然潜水、垂钓、度假的最佳选择；曾是秦朝驿站、唐称南国骊山的麻岗御水古温泉，经过多年的开发建设，现已成为一座集疗养、会所、观光、游览、度假于一体的好去处，等等。

新中国成立以来，邓小平、杨尚昆、叶剑英、江泽民、朱镕基等国家领导人曾先后来电白视察、调研；曾来电白考察的国民党将领有：李宗仁、陈明仁等；前来电白创作或献艺的作家和艺术家有：马思聪、关山月、邵宇、田汉、红线女，等等。

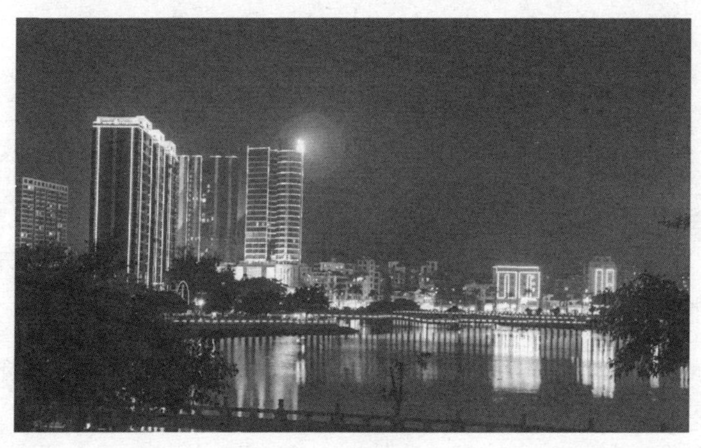

东湖夜色

一　历史沿革

电白历史源远流长，是粤西地区著名的“千年古县”。

公元439年，即南北朝时，在今电白境内设置海昌郡，这是电白境内设置行政区域之始。

公元528年，即南朝梁大通二年，从高凉郡中析出电白郡，此后一直沿用“电白”之名。

公元589年，即隋开皇九年，废郡建县，这是电白以县称之始。

从南北朝至今，电白境内设置行政区划已达1500多年。其沿革变迁如下。

1　南交故地

早在新石器时代，电白县境已有人类活动。

唐（尧）虞（舜）时为南交地。

三代（夏、商、周）时是扬州之南裔。

春秋战国时为百越地。

秦始皇统一六国后，嬴政三十三年（前214）打败西瓯、骆越等部落，统一岭南，从此南越地正式纳入秦朝版图，并置桂林、南海、象等三个郡，时电白地为南海郡之西境。

秦末，反秦的农民起义风起云涌，驻守南海郡的秦将赵佗，乘机并击桂林郡、象郡，于公元前207年建立“南越王国”，自称南越王，委派越族首领冼氏（即后来的冼夫人家族）治理高凉，电白为其辖地。

汉朝，武帝元鼎六年（前111）平粤，秦时岭南三郡被分置为苍梧、郁林、合浦、交趾、九真、日南、南海七郡，时电白属交州合浦郡高凉县地。

三国（魏、蜀、吴）时，地属吴国。汉献帝建安二十五年（220），吴析合浦郡，置高凉郡；吴黄武五年（226）分交州的南海、苍梧、高凉、郁林四郡，设置广州。电白属广州高凉郡高凉县地。

两晋时电白所属与三国时相同。

2 冼太故里

南北朝时，宋文帝元嘉十六年（439），从高凉郡析置海昌郡（海昌郡辖地在今电白树仔、电城镇北部）。这是在电白境内设置行政区划之始。

南朝梁普通三年（522）十一月二十四日，在古高凉丁村（今电白电城镇山兜丁村）一俚族冼氏大首领世家，生了一个女孩，这就是后来威震南国的冼太夫人。

梁大通二年（528）析高凉郡置电白郡、南巴郡、连江郡等 12 个郡，兼置高州，统辖各郡。这是以电白为郡名之始。

当时，电白郡驻址设在高凉西北境的安乡（即今高州长坡旧城村，未建城）。电白时属高州之电白郡、海昌郡、南巴郡、连江郡地。

隋朝，开皇九年（589）废郡为县。省电白、海昌二郡置电白县，电白自此以县称。

同时，废南巴郡为南巴县，废连江郡为连江县。

隋仁寿元年（601）年末，中华民族杰出的政治家、军事家冼夫人卒于海南，翌年正月十七日，归葬于其故里即娘家山兜丁村。

大业二年（606）省南巴县入连江县。

大业三年（607）废高州，复设高凉郡。电白县先后隶高州、高凉郡。

3 唐建县城

唐朝，电白地属岭南道。武德四年（621），废高凉郡，电白县和连江县隶广州。五年（622），析连江县复置南巴县；良德县自泷州改隶高州。六年（623），复置高州，州治在高凉，电白、连江、南巴、良德等县同隶高州。

贞观二十三年（649），高州徙治良德县。

开元五年（717），移治连江县。连江县改名为保安县。

天宝元年（742），高州改称高凉郡。

乾元元年（758）复称高州。时，保安县仍为高州、高凉郡治所。其间保安县改名为保宁县。

大历十一年（776），高州徙治电白县。辖电白、良德、保宁三县。州、县同治，始筑土城。县城周围328.5丈，高6尺。这就是电白最早的县城。

五代十国时，县名不变，属南汉国土。

宋朝，隶广南西路。开宝五年（972），保宁、良德两县废入电白县。南巴县废入茂名县。景德元年（1004），高州废，电白县改隶窦州。三年（1006），复置高州，电白县仍为该州治所。

元朝，隶湖广行中书省海北海南道高州路。元世祖至元十七年（1280），高州改称高州路，路治在电白县，县址仍在安乡（今高州长坡旧城村）。

大德八年（1304），高州路治徙于茂名县，电白县仍以旧州址原土城为县城。

至正十五年（1355），高州路还治电白县，路、县仍同治。

4　明神电卫

明朝，电白隶高州府。

洪武元年（1368），高州路改为高州府，七年（1374）十一月降为州，九年（1376）四月复为府。十四年（1381），高州府城（电白县城仍在其内）重修，在旧城外重置新城，并围以木栅。三十一年（1398），城墙改土夯为砖砌，周围497.4丈，高1.4丈，开4个门，门上有楼。洪武二十七年（1394），在临近沿海一带（今电城镇）设神电卫，筑成土城。

永乐七年（1409）换土为砖石，周围长1100丈，高1.2丈，堞高5尺。开东南西北4个门，门上有楼，敌楼（垛堞）40个，角楼4个，窝铺32间，垛口3100孔。这就是最早的明神电卫城。

成化元年（1465），电白旧县城为云炉、大桂山寇所毁。成化三年（1467）九月，因旧城被毁，故电白县移治于神电卫城，卫、县同治。割电白旧县城（旧城后改称电白堡）、附郭、朗韶、朗肆、地安、怀德等6乡以属茂名县。茂名县下博乡地（原良德县部分地和南巴县地）划入电白县。同时府治也从电白县徙迁茂名县。

成化四年（1468），于卫署西侧建房充作县署，并疏浚护城河，该河周围长1164丈，阔3.9丈，深1.7丈。成化七年（1471），县城陷于山寇，大部分被毁。成化十四年（1478）重修时，县署徙入东街，距离卫治仅百余步。

隆庆五年（1571），倭寇攻陷县城，治所悉为所毁，变成一片焦土。

万历元年（1573），县尹王许之将县署徙近卫署东，直向庄山，与卫并建。七年（1579），县尹张希皋认为城矮垛阔，难于防守，又率领军夫、乡民增高城墙5尺，并起城壕之土以筑阳桥，宽3.5尺；堵塞城墙旧堞，筑新堞于其上，从而增高

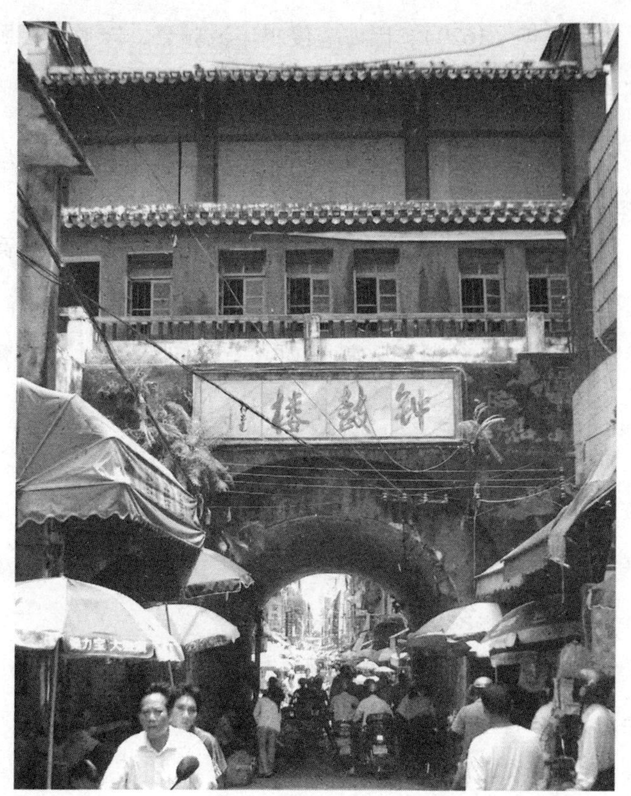

钟鼓楼

3尺9寸，城墙总高2丈余，周围1100丈；又建击柝铺于桥旁，改北门偏东，以接庄山之麓。十八年（1590），县尹陈玉策再修城垣，修南北城楼2座，窝铺22个，钟鼓楼1座，城周围达1400丈。三十六年（1608），县尹周元玮增筑月城一座，城门一所，防守更为严密。

天启三年（1623），县尹翟拱宸再次重修，城濠加深1丈，加阔2丈，3个月完工。

崇祯二年（1629），因海寇侵犯城池频繁，守道张茂颐移镇神电卫，并令县尹吕允礽重修城垣。

时，电白县行政区划称乡、都、村，乡与里、都与图并列同级。全县计有5乡（里）14都（图）182小乡。

清朝仍袭明制，隶广东省高雷道（后改高雷阳道）高州府。

清顺治九年（1652），城守游击汪宗弘重修电白县城城墙，并二个垛口为一个，还建筑瞭望楼12座。

雍正三年（1725），神电卫撤销，城仍为电白县治所。以后该城分别于乾隆三年（1738）、三十九年（1774）、嘉庆七年（1802）、道光二十三年（1843）和光绪十年（1884）、二十五年（1899）多次进行修理。

清代电白县的行政区划为堡、村制，堡、闸、屯同级；全县至道光年间，经合并后的72堡（闸、屯）分别由典史和沙琅巡检司管辖。其中典史管辖44堡；沙琅巡检司管辖18堡8闸2屯。同时，境内南部沿海还设有电茂盐场、博茂盐场。

光绪三十二年（1906），改设区乡，全县分为6个区：保宁乡上区、下区；得善乡上区、下区；下博乡上区、下区。

明、清时期，电白县城中有十字大街，直达四门。自四牌楼而分，东门叫承恩，西门叫武安，南门叫永宁，北门叫长乐。

居住于城内的除民户外，还有军户、商户。城内设南圩、北圩、十字街圩和晚市。南圩设在南门大街，北圩设在北门大街，十字街圩设在四牌楼下，晚市设在钟鼓楼下。集市贸易以农产品、畜产品、水产品和盐为大宗。前来购运食盐的船只云集于南门外的龙船港，“樯帆蔽空”，热闹非常。

其时，电白县城为四邑交通要道，北上广肇，南下雷琼，西入高化，都从这里经过。还有大路可通县内各圩场、里图。水路自南门外的莲花洋，上通广州、江浙、天津，下达雷琼，外接安南诸国，成为“粤西咽喉”重地。

5　县城变迁

中国近代史是从1840年鸦片战争开始的，至1919年五四运动结束。

1911年9月，孙中山领导的辛亥革命取得成功，推翻了清王朝，结束了中国两千多年的封建帝制统治。

1912年，中华民国成立，并在同年废高州府，电白县隶广东省。

民国期间，电白先后隶广东省高阳道、高州军政分府、广东省政府高州绥靖处、广东省高雷道、广东省南路绥靖委员会、广东省南路行政专员公署、广东省第七行政督察区、广东省南路行署、广东省第八行政督察区。其间，改城厢为电城镇，后与乌石、楼阁、坝头等乡合并为附城乡。电白县政府设于县城西街原察院旧署，国民党县党部与县参议会均在东街旧都司署，县地方法院、监狱在县府西。

县城内，原十字大街开辟为能行驶汽车的马路，于东街旧都司署东辟建中山公园，于圣宫东辟建体育运动场。又于原电阳试院设电白县立中学（1914），于莲峰书院旧址设电白县官立高等小学堂，于原冼庙设电白县立第一女子小学校（1930），计有中、小学生960多人。又于原钟鼓楼设县立图书馆和民众教育馆。邮政、电报、电话、平民医院、育婴堂等设施也相继在县城开设。

电阳试院旧址

全县公路已开通行车的有：电儒路（电城至阳江儒洞）、电茂路（电城至茂名）、电东路（电城至水东，与梅东路、东袂路、石东路、东琅路等相接），总里程406公里。水路则有帆船4艘，每逢农历一、四、七日和二、五、八日定期载客来往于电城与水东之间，交通稍具方便。

1939年1月，侵华日军大举南进，广东多地沦陷。其时县城部分城墙被拆毁，后又被日本军机炸毁过半；为避日机轰炸，电白县治被迫迁徙霞洞乡大村。

抗日战争胜利后，1947 年，县治复迁回电城。其间，政府为修筑公路，派人将部分城砖拆掉用于筑路，原本高大的城墙已荡然无存，解放后仅有城基高土可辨。

民国初期的行政区划沿袭清制。1934 年，全县设置 9 区 55 乡 1 镇（一镇为电城镇）。盐场仍为电茂场、博茂场。

1937 年至 1941 年期间，电白 9 区合并为 3 区，一、二、三区并为第一区，四、五、七区并为第二区，六、八、九区并为第三区。除第二区的望坡乡改为望夫乡外，其他乡名不变，乡下设置保、甲。全县计分 3 区 56 乡（镇）791 保 7527 甲。

电茂、博茂两盐场合并为电博盐场，辖电茂、博茂两分署，13 场务所。

1941～1949 年，全县乡镇区域调整为 3 区 46 乡，乡分甲、乙两等。

1949 年 10 月 1 日，中华人民共和国宣告成立。

从此，古老的电白也迎来了新生。

1949 年 10 月 29 日，新中国成立还不到一个月，中国人民解放军第二野战军陈赓部从阳江儒洞进军电白，是日县城解放。电白地方游击队领导王学明、钟正书各带游击队先后到达电城，与解放军部队团长、政委会见，介绍电白情况，正式接管政权。

11 月 2 日，人民解放军挥师霞洞，至此电白全境解放，时属广东省南路行政公署。

11 月 4 日，电白县人民政府宣告成立。

11 月 7 日，县政府决定以解放战争时期的工作地区为基础，全县划为6个区36个大乡173个小乡。第一区设址电城，包括电城、马踏、大榜、爵山；第二区设址树仔，包括树仔、麻岗、博贺、红花；第三区设址水东，包括水东、南海、沙院、七迳、潭阪、旦场；第四区设址羊角，包括羊角、大同、林头；第五区设址观珠，包括观珠、大衙、望夫；第六区设址沙琅，包括沙琅、那霍、黄岭、霞洞。

1950年，小乡改设行政村，全县为6区36个乡193个行政村3669个自然村。

1950年12月16日，中共电白县委、电白县人民政府及直属各机关团体，由电城迁至80公里外的水东镇办公。至此，电城自明成化三年（1467）起作为电白县治的使命也宣告结束，历时483年。

1952年，南路行署分设合浦、高雷两个专区，电白县属高雷专区。

1953年，高雷专区改为粤西行政专员公署。

1953年3月，为配合土地改革颁发土地证工作和下一步全国性的基层普选工作做准备，全县进行区乡调整，由原6区36乡划为14个区，1个区级镇和179个小乡，3个乡级镇。区级镇为水东镇；乡级镇为电城镇、博贺镇、沙琅镇。区分为：一区马踏，二区电城，三区麻岗，四区博贺，五区旦场，六区下里，七区沙院，八区七迳，九区羊角，十区林头，十一区霞洞，十二区观珠，十三区沙琅，十四区那霍。

其时，县内设电白等7个垦殖场。

1955年3月，电白垦殖场改称国营曙光垦殖场，设4个作业区。

1957年2月3日，县委决定，撤销区一级编制，将原来的179个小乡，并为63个中乡，原水东镇、电城镇、博贺镇、沙琅镇等4个镇建制不变。

1957年末，全县置水东镇、博贺镇2个镇，再将63个中乡合并为28个大乡。

时电白盐场辖王巷、西麻、双登、三甲等4个工区。

1957年，粤西行政专员公署改为湛江专区，后又改为湛江地区。

1958年9月17日，与全国一样，全县实现人民公社化，共组建7个政社合一的人民公社：前进（水东）、红旗（电城）、红星（麻岗）、卫星（坡心）、金星（羊角）、跃进（观珠）、东风（沙琅）。

1958年12月，小良（原茂名县肇祥乡）从茂名县“火箭人民公社”分出，划入电白县，与覃巴（吴川县划入）、沙院组建八一人民公社。其时，人民公社实行军事编制，全县计8个人民公社69个营450个连4500个排。

1959年2～10月，析前进人民公社设水东、南海2个人民公社；析红旗人民公社设马踏、电城、爵山、大榜4个人民公社；析红星人民公社设麻岗、旦场、博贺3个人民公社；析卫星人民公社设坡心、七迳2个人民公社；析金星人民公社设羊角、林头2个人民公社；析跃进人民公社设霞洞、观珠2个人民公社；析东风人民公社设沙琅、望夫、那霍3个人民公社和罗坑综合农场；析八一人民公社设小良、沙院2个人民公社。10月，从电城、麻岗人民公社中分设树仔人民公社。全县计21个人民公社和罗坑综合农场。

1961年6月恢复区级建制，全县设6个区。一区电城，辖电城、爵山、大榜、马踏、龙湾5个人民公社；二区麻岗，辖麻岗、树仔、博贺、旦场4个人民公社；三区水东，辖水东、陈村、南海、沙院、小良、七迳6个人民公社；四区坡心，辖坡心、潭莲、羊角、大同、林头5个人民公社；五区观珠，辖观珠、霞洞、下岭（石顶）、大衙、佛仔楼5个人民公社；六区沙琅，辖沙琅、黄岭、望夫、罗坑、那霍等5个人民公社。全县计30个人民公社566个大队7786个生产队。

1963年2～3月，撤销区级建制，部分人民公社进行调整。龙湾人民公社并入马踏人民公社，谭莲人民公社并入坡心人民公社，大同人民公社并入羊角人民公社，下岭（石顶）人民公社并入霞洞人民公社，佛仔楼人民公社并入观珠人民公社。全县共有25个人民公社。

1965年9月，撤销水东镇人民公社，设水东镇建制；撤销博贺镇人民公社，设博贺镇和博贺人民公社。全县设2个镇，24个人民公社。

1968年11月，析电城人民公社设电城镇。至此，全县置水东、电城、博贺等3个镇和马踏、爵山、大榜、电城、博贺、树仔、麻岗、旦场、陈村、南海、沙院、小良、七迳、坡心、羊角、林头、霞洞、大衙、观珠、沙琅、黄岭、望夫、那霍、罗坑24个人民公社，辖366个大队14个居委会7322个生产队。

1979 年，县城城区面积扩大到 2.1 平方公里。

1983 年 9 月撤销湛江地区，分设湛江、茂名两个地级市。

电白从此隶属广东省茂名市，县人民政府所在地为水东镇澄波街 145 号。

1983 年 12 月 20 日，实行政社分权，恢复区乡建制，撤销 24 个人民公社，设置 24 区（其中“大榜”改称“岭门”）371 个乡 5117 个村民委员会；恢复羊角、沙琅为乡级镇，水东、电城、博贺 3 个区级镇及其所辖的 14 个居委会建制不变，水东镇的上排、罗屋、城岭 3 个大队合并为附城管区，电城镇的城关大队改为城关管区，博贺镇的博美大队改为博美管区。

1986 年 11 月 17 日至 1987 年 4 月 10 日，全县撤区建乡镇。撤销 24 个区 371 个乡和羊角、沙琅 2 个乡级镇，设置 21 个镇和陈村、望夫 2 个乡；原水东、电城、博贺 3 个镇建制不变。原电城区的行政区域并入电城镇。原小乡建制改设村民委员会，全县设 377 个村民委员会，40 个居民委员会，9 个渔业管区（社）。

1988 年 3 月和 5 月，陈村乡、望夫乡又先后撤乡建镇。

1989 年 10 月，村民委员会改称管理区。

1990 年，全县划分为马踏、爵山、岭门、电城、博贺、龙山、树仔、麻岗、旦场、陈村、水东、南海（1992 年茂名市在南海镇设立茂名市水东经济开发区，代管南海，管辖面积 47 平方公里）、沙院、小良、七迳、坡心、羊角、林头、霞洞、大衙、观珠、沙琅、黄岭、望夫、那霍、罗坑 26 个镇，380 个管理区 42 个居民委员会 10 个渔业管区 4615 个自然村。县人民政府所在地不变。

1992 年，县城城区面积扩大到 8.5 平方公里。

1995 年 11 月，经广东省政府批准，将 17 平方公里的陈村镇撤销并入水东镇。

1996 年 10 月，投资 3200 多万元、位于海滨大道的县行政中心（县委、县政府、人大、政协综合大楼）动工兴建。

1999 年 1 月，全县撤销管理区，改设村（居）委会，全县设立村委会 375 个，居委会 37 个。截至 2000 年，全县有村委会 383 个，居委会 41 个；县城水东城区面积扩大到 14.6 平方公里，总人口 13.6 万多人。

1999 年 12 月 25 日，电白县行政中心大楼竣工投入使用。

2001 年 1 月，经国务院批准从电白划出羊角、坡心、七迳、沙院、小良、南海（水东经济开发区）6 个镇设立茂名市茂港区（区政府所在地南海街道办），电白县仍保留马踏、爵山、岭门、电城、博贺、龙山、树仔、麻岗、旦场、水东（含陈村）、林头、霞洞、大衙、观珠、沙琅、黄岭、望夫、那霍、罗坑 19 个镇。

2003 年 12 月，撤销爵山镇并入电城镇；撤销龙山镇并入博贺镇；撤销大衙镇并入林头镇，全县行政区划为马踏、岭门、电城、博贺、树仔、麻岗、旦场、水东、林头、霞洞、观珠、沙琅、黄岭、望夫、那霍、罗坑 16 个镇（目前，陈村镇建制虽仍保留，但仅为虚拟镇）。

6 成立新区

2012年4月26日，广东茂名滨海新区管理委员会挂牌成立，该区规划面积1688平方公里（该区域为功能区，非行政区），人口250多万，共含电白县、茂港区、茂南区19个镇、6个街道办。即电白县有水东、电城、林头、旦场、博贺、麻岗、树仔、岭门、马踏9个镇；茂港区有七迳、坡心、小良、沙院4个镇及南海、高地2个街道办；茂南区有鳌头、袂花、镇盛、公馆、金塘、新坡6个镇及河西、红旗、新华、露天矿等4个街道办。

2012年10月11日，茂名高新技术产业开发区（高新区）党工委揭牌成立。该区包括广东茂名石化产业园和七迳镇。

2013年4月26日，广东茂名博贺湾海洋经济综合试验区成立。同一天，茂名市政府将原属电白县的电城、博贺两镇实行交割，正式列入该区单独管理。

2013年7月5日，广东茂名水东湾新城成立，其规划范围为：北至港城路，西至工业大道，南至南海，东至王村，面积约168平方公里。范围内包含重点开发区和协调发展区，重点开发区包括陈村—旦场、南海—高地两个重点开发区，面积合计约98平方公里，重点开发区以外属协调发展区，面积约70平方公里。

2014年1月，经国务院批准，原茂名市茂港区和电白县合并为茂名市电白区（即版图重新回到2001年前的原电白县行政区域）。区人民政府所在地在原电白县人民政府驻地，即水东镇海滨大道1号行政中心。4月18日，茂名市电白区挂牌成立。

至此，茂名市电白区的行政区划为：马踏、岭门、树仔、麻岗、旦场、水东、林头、霞洞、观珠、沙琅、黄岭、望夫、那霍、罗坑、南海街道、高地街道、沙院、小良、坡心、羊角、七迳（高新区）、电城、博贺（电城、博贺列入滨海新区起步区）23个镇（区、街道），另有陈村、曙光农场、水丰农场和电白盐场4个虚拟镇。全区设372个村民委员会（含博贺镇5个渔委会），59个社区（居委会），4665个自然村。

2014年末，全区土地总面积2229平方公里，户籍人口199.51万，常住人口165.92万；水东城区面积扩大到66.2平方公里，总人口20多万。

电白区行政中心

延伸阅读

神电卫

卫为明朝军队编制单位。其时军事制度实行“卫所制”，为明太祖所创立，其构想来自隋唐时代的府兵制，如著名的天津卫即是这种建制。卫设指挥使，统兵士5600人。电白神电卫为明代广东防御海盗、倭寇侵扰的24个海防要塞之一，隶属广东都司前军都督府，史载该卫最多时有官兵6110名，管辖电白、茂名（含今高州市、茂名市茂南区）、信宜、阳江和吴川等县的治安防务工作。神电卫城建于明代洪武二十四年（1391），三年后建成。始为土城，永乐七年（1409），改筑砖石城。城砖由辖下4个千户所分担。明正统年间（1436～1449），被起义瑶民攻陷，卫城遭毁。事后，知县吴锣在原址上按旧格局重修卫城。现在尚存长43厘米、宽21厘米、厚18厘米的卫城遗砖（即现称城墙砖）遍布满城。卫城呈长方形，周长3300米，墙通高5.2米（墙体高3.6米、堞高1.6米）；设东南西北四城门；角楼四座，城门包有铁片，门臼用铁铸造，坚固牢靠；门上城楼高耸、翘角垂檐，东南筑出水涵洞，安上铁栅，以防袭击。此外，尚建敌楼40座，设窝铺42间。成化四年（1468），电白县治从高州长坡迁神电卫城，在卫城四周边疏浚护城河（现尚存部分护城河原迹）与海连通。万历三年（1575），又在城外增建敌楼12座。万历十年（1582），将城外墙增高1米，并在护城河边建更楼，在神电卫城内十字街口设建一座烽火楼台（即钟鼓楼）。神电卫城经明代多年建设，成为当时高州、宁州（吴川）、双鱼（阳江）、信宜、阳春5个守卫千户所的指挥中心，也是粤西沿海规模宏大的海防要塞，辖额官兵民壮，马匹、弓兵数百。另外在沿海莲头、鸡笼山、博贺立炮台，置大炮12门，额设千总一员，战守兵80多名。此外尚有艟艚巡哨。清雍正三年（1725），废神电卫，历时334年。清代，神电卫城仍为电白县治。民国时期，电白县治不变。神电卫城墙于抗日战争期间拆除。解放后，电白县治于1950年12月迁水东镇。神电卫城作为海防要塞与县治，历时556年。神电卫城遗址位于今广东省茂名市电白区电城镇，属茂名市溪海新区境内。

二　史海钩沉

千百年来，在电白这块广袤肥沃的古老土地上，不但发生了许多历史大事件，也产生了众多的历史名人。电白可谓英雄辈出，世代相传。其中一些历史大事件（革命事迹）和历史名人，或故事曲折或荡气回肠，或人格高尚或受人崇敬，体现了高度的爱国主义情操，对电白历史发展起到了一定的推动作用，激励着一代又一代的电白儿女踏着他们的足迹奋勇前进。

1　瑶民之乱

明朝正统、景泰、天顺年间，朝政腐败，豪富官军相互勾结，狼狈为奸，千方百计巧取财物，对少数民族压迫尤甚，以致激发居住在电白周围的瑶民多次暴乱。暴乱发生后，由于地方失守，乡村被劫，人民无法安居，数百里荒无人烟。“广西贼盗蜂起，雷、廉、高、肇之地或数百里无人”（明《英宗实录》)。

当时，城外野狗、家狗大啖人肉，因而肥脂。高州知府刘海则烹狗食之，大饱口福。时有民谣：“城外狗食人，城中人食狗。”刘海因而被革职。

成化元年（1465）十一月，广西瑶民夜陷高州（电白）城。时守备高州府的广东都指挥佥事林清及广州卫指挥同知马辉等弃城逃走；高州所正千户潘信虽领兵与瑶民激战，但因势孤难敌，也败逃弃城而去。瑶民在城内一连洗劫3天，抢掠财物无可胜计，还掳走官吏民众3780多人，放火焚烧民居及府、县衙署，府县治所顿成一片废墟。

成化三年（1467）九月，因府县治所一时无法重建，电白县治被迫迁往沿海的神电卫城，高州府治则被迫迁往茂名县城。

2 倭寇犯境

14～16世纪，日本海盗（倭寇）侵扰劫掠中国和朝鲜沿海地区，地处沿海的电白也难以幸免。

明隆庆五年（1571）十二月初二，倭寇200余人自阳江双鱼登岸，焚烧军民船只，攻打双鱼千户所，然后在距电白县城不远的庄垌一带隐蔽起来，并捆扎好长梯，做好攻打神电卫城的准备。时城中已有所传闻，但官吏却以为是谣言，不予理会。

十二月初三深夜，倭寇从东北、西北两面突入城中。知县蒋晓指挥范震、李日乔、张大成及千户王朝等弃城而逃。电白籍指挥佥事张韬则不惧死，他独自披甲迎战，倭寇越来越多，张韬腹背受敌，呼唤救援，但所见都是倭奴。张韬抚剑长叹："这些狗官都是偷生卖国之徒，韬死又何怨！"遂奋力斩寇，终因寡不敌众，力战而死。倭寇扎于城内，因居民屡遭劫难，家徒四壁，无所供食，便日夜出劫四郊乡村。

十三日，又一股倭寇300余人从太平登陆，进入卫城与前股会合，共500多名倭寇，声势浩大。至二十三日，倭寇准备撤走，遂大杀城中军民，焚烧官署民房。惨死者达3800余人，死者大都陈尸街头，无人收葬。其中妇女因被奸污而悬梁、投井者不计其数。直到次年正月，分巡李材督兵自肇庆来电白处理善后，尚见遗尸满地，庐室煨烬，残民寥落，惨不忍睹。他捐俸银20两命电白典史王策雇人收葬遗骸，名曰义冢。立碑其上，书曰："惟兹电白，城高池深，典守弛备，殃及斯民。遗骸满街，是谁之咎？埋葬插石，以惩厥后！"

倭寇大劫县城之后，因一时无人维持秩序，致使强悍者乘机劫夺，残民更难为生计。李材到后下令追究责任并严惩歹徒，又请高州知府吴国伦拨银2000两赈济残民，城中才渐显生机。

隆庆六年（1572）闰二月，分巡李材会同高州总兵张元勋，挥兵追歼倭寇于廉江横山与遂溪城月之间，斩倭寇数百人，俘获数十人，并救回被掳民众300多人，取得了追剿倭寇的胜利。

万历二年（1574）十二月，倭寇为报李材剿灭之仇，又聚集1200余寇众，再从阳江双鱼登陆，一路烧杀抢掠，并攻陷当地千户所，锋芒直逼电白，准备再次攻占神电卫城。其时，高州总兵张元勋、神电卫参将梁守愚积极领兵迎战，在距儒洞不远的伍蓝附近（今岭门镇丹步伍蓝村）选择有利地形，预设埋伏，准备等待倭寇到来实施前后夹击的战术。不日，倭寇大摇大摆地进入埋伏圈，张总兵一声令下，众将士英勇杀敌，当场斩杀倭寇500余人。其余倭寇见势不妙，匆忙逃入附近的山中，随之也被张总兵挥兵围歼。这是自建神电卫城以来，官兵打的一场最漂亮的歼灭战。

3 义军抗清

清朝顺治四年（1647）二月初五日，明朝的电白知县、神电卫署名参将等出城降清。清总镇杨发官把守城门，不准士兵入城骚扰。因汉人接受不了满族人的统治，四月，明末廪生、霞洞人崔良槓与王起隆等人在平水聚众起义，建营于浮山岭与鸡笼尖之间的犁头插（今人称其地为良槓营）。

五月，陂底张十、王遵度、司徒相、林铁腰、柯尚裁、黄云从和马踏（旧称马踏石）的梁能、邓强等纷纷起兵响应。扬言将进攻电城。清知县林崇履、参将钱柱（明朝降将，降清后纵兵殃民，动辄以反清罪诬陷人，滥杀无辜，民极恨之）集兵守城。

六月间，梁能为清军诱降，被崔良槓擒杀。

七月，白头鸦卓化行率众1000余人围攻电城。后为清军把总程胜所败。

八月十八日，崔良槚率数千人屯于牛路水、大衙一带。接着移师麻岗文字岭、海尾等处，攻下咸水场。

九月，围攻电城7天，却未能攻下县城。

十一月二十九日，茂名姚春登、施尚义率反清义军攻破高州城。清高州协镇周朝、赵国威败走电白。十二月初一日，施尚义率部追至电白，与崔良槚会师，驻于旦场、红花一带，军威大振。清朝州县官纷纷逃跑。

顺治七年（1650）六月，许衍蕃、张大魁率领的另一支义军围攻电城，城中粮绝，饿死数百人。

七月，清军参将钱柱请辅明侯林察来电白劝许衍蕃降清（因林、许同为福建籍人，有点私谊），林察便骗钱柱与林崇履到其船上（泊于白蕉）与许谈判。钱柱中计，即被林察所杀，将其头悬于白蕉示众。许衍蕃率众攻占电城。城破，钱柱家人亦为乱军杀死。

八月，清政府调大兵至电白镇压义军，许衍蕃率部退霞洞，与崔良槚部会合。

顺治八年（1651）闰二月，清总镇李之珍发兵至电白，与电白、阳江两县地方军配合，夹击霞洞义军。

三月，崔良槚、柯尚裁被清练总吴日都设伏射死。

八月，王起隆、黄云从被清游击汪宗弘擒杀。

顺治十年（1653）四月，义军在沙琅打死清把总林永秀。

顺治十一年（1654）二月二十九日，起义军李自成部将李定国攻破高州城，清高州总兵郭某引兵退守电白。清官员均携官印逃往省城。县城民众逃避一空。

三月初三日，李定国部总兵高文桂、黄元才率2000余众入驻电城。十二月二十七日，清发大军至电白，李定国部被迫退入广西。

顺治十二年（1655），清游击汪宗弘率兵围攻林铁腰营寨。牛头贡、王自新等义军首领相继牺牲。抗清部众逐渐溃散。

至此，电白义军抗清以失败告终。

4 圣殿看操

辛亥革命推翻清朝统治建立中华民国后，早年一直陷入军阀混战中。这种混乱的无政府状态，也殃及电白百姓。

1919年，由电白人许国锋（丰）领导的中华革命军及其所率起义部队被桂系军阀诱杀于圣殿（古县衙）前。史称“圣殿看操”事件。

许国锋是电白县大榜（今岭门）海头村人，早年加入孙中山领导的中国同盟会。清光绪三十三年（1907），许国锋在广州燕塘陆军训练营时就积极从事推翻帝制的革命活动。1911年春，许国锋受组织派遣秘密潜回电白开展革命活动，并于1912年被广东军政府任命为电白县属军政长。

1914年11月16日，许国锋在电白率领300多人起义，次日攻入电白县城电城。后因原约定反水的陆军营长变卦，率军反扑，起义军被迫苦战至20日弃城撤出，但仍坚持战斗10多天，起义受挫。

1915年12月，孙中山派朱执信为“中华革命军”广东司令长官，许国锋当时隶属“中华革命军”，并积极配合广东的反袁（世凯）讨龙（济光）军事行动。

1916年1月中旬，许国锋又率众在电白起义。起义军先占据沙琅，后袭击霞洞，继而围攻电白县城不克而告失败。许国锋只好率起义军撤离电城，以图东山再起。

第二次起义失败后，许国锋的义军实力损失巨大，而高群英等革命党人又相继被捕牺牲，义军势孤力弱，难有作为。

1919年，桂系军阀在电白的爪牙胡统领等人，为了歼灭许国锋的义军，便玩弄阴谋手段，假意与义军商定在电城圣殿看桂军操练的机会讲和，暗中设下埋伏，伺机消灭义军。

于是，桂军以和平谈判为名诓骗许国锋进城。

许国锋不知其中有诈，便带领一部分武装进城。当他们抵达电城圣殿外的操场时，发觉气氛不对，知已中计，急率队撤退，但这时伏兵四出，双方便在操场开枪对射起来。无奈义军已全部陷入桂军的重重包围，终因寡不敌众而被歼，许国锋当场饮弹牺牲。当时还有不少不知底细前来观看操练的群众，因一时逃避不及，也被乱枪所杀。圣殿门外操场上及周围尸堆遍地，血肉横飞，场面惨不忍睹。

事件发生后，反动的桂系军阀为逃避罪责，却大肆宣传、歪曲许国锋等人是电白的贼团，以混淆视听。

5 血腥风雨

1927年4月12日，蒋介石发动震惊中外的“四一二”反革命政变，大肆屠杀共产党员和革命群众，白色恐怖笼罩了整个中国。

4 月 15 日，广东的国民党反动派紧步蒋介石后尘，大肆逮捕屠杀共产党员和革命群众，制造了骇人听闻的“四一五”广州大屠杀。

山雨欲来风满楼。

电白县内的反动派也在磨刀霍霍。

4 月 22 日深夜，国民革命军第四军三十一团团长余汉谋率领 1000 多名士兵，会同电白县地主豪绅把持的区乡反动政权民团，突然袭击全县各级农民协会，进行烧杀抢掠，镇压农民运动。

一时间，电白全境腥风血雨，完全被白色恐怖笼罩。

4 月 22 日凌晨 5 时，国民党反动头子吴廷松，带领军警把位于电城的陈德滨家重重包围，捉拿参加农会工作的陈氏三兄弟陈德滨、陈德溥和陈德淙。军警进屋搜查，只抓到陈德滨、陈德淙，没有抓到陈德溥。因陈德淙不是领导人，不久被释放。陈德淙回家后，积极设法营救兄长陈德滨。但却无能为力，只能下决心与国民党反动派斗争到底，为大哥陈德滨报仇。

“四二二”反革命事件中，全县有 112 人被捕，数十人先后被杀害。其中，县农民协会执委、共产党员邵以梅、邵锡瑞被押途经水东寨头渡时惨遭杀害；县农民协会常委陈永昭，县农民协会干部、共产党员崔万佳、陈德滨、吴干帮、邵锡琉及区乡农民协会干部谢宣、廖殿扬、林立、陈材干、陈盛丰、赖若仙、黄高球等 17 人，被押送广州，囚禁于南石头监狱，后英勇就义。

中共电白县组织创始人、县农会会长邵贞昌，也被土豪劣绅向国民党当局密告在广州被捕，后被囚禁于南石头监狱。第二年3月，在广州北街被国民党杀害，时年24岁。

6 革命烽火

民国初期，军阀混战，民不聊生，老百姓生活在水深火热之中。1917年，俄国爆发了“十月革命”，给中国送来了马列主义。不久，中国先后暴发生了五四运动（1919）和中国共产党成立（1921）等重大事件。这对电白全县知识青年震动很大。其时，先后到广州求学的电白青年学子邵贞昌、区就宪、崔万选、崔万佳、陈德滨、谢申等人，在爱国运动新思潮的影响下，努力阅读进步书刊，寻求中国人民的解放道路。

邵贞昌出生于清光绪三十年（1904），是电白县白马乡仙桃园村人（今麻岗镇），其祖父邵廉臣，自耕农起家，蓄积一些田产，考取过功名，家里挂着“大夫第”匾额，可谓书香门第。邵贞昌少年聪颖，勤奋好学。1918年考入电白中学读书，1922年与区就宪、谢申一起考入广东大学（后改为中山大学）读书。

邵贞昌、区就宪参加阮啸仙创办的“新学生社”。当时，阮啸仙是中共广东区委和广东农民运动的领导人之一，两广区团委书记。邵贞昌、区就宪在“新学生社”里接受马列主义教育，投身反帝反封建斗争，加入中国社会主义青年团，后转入中国共产党，积极参与组织出版《燎原》报刊。在邵贞昌、区就宪的影响下，崔万选也加入了中国共产党。他们利用假期回乡探亲访友的机会，在电白各地宣传革命道理，传播马克思主义。

1925年春，邵贞昌、区就宪受上级党组织的派遣，带领崔万选、崔万佳、陈德滨等一批进步青年回家乡电白县开展农民运动和筹建中共电白县组织。邵贞昌在三区、区就宪在一区、崔万选在五区等地进行革命活动。

邵贞昌利用春节期间白马乡年例演戏机会，连续三晚在演戏前向人民群众宣传革命道理，教育农民要翻身解放，必须组织起来，参加农会，团结一致，与土豪劣绅进行坚决斗争。他的演讲，使青年受到启发，明白许多道理，激起了他们的革命热情。许多青年主动参加了农民运动。

同年5月1日，邵贞昌参加广东第一届农民代表大会。13日，他一回到家乡就组织白马乡农运骨干在邵氏七世祖祠门前晒谷场上召开群众大会，传达贯彻省农代会精神，大会声势浩大，震动全县。接着，一区（电城）、三区（树仔）、五区（霞洞）、七区（观珠）等纷纷筹建区农会。由于农民运动蓬勃发展，对发展党组织创造了有利条件。一些在运动中思想先进、立场坚定、工作积极、组织领导能力较强的青年被吸收为中国共产党党员。如经受锻炼和考验的骨干邵以梅、邵锡瑞、黄景荣、陈德滨、崔万佳、邵锡琉等人，相继被吸收为共产党员，全县党员队伍不断壮大。

6月初，在农民运动迅速发展和共产党员逐步增加的情况下，邵贞昌受命在电城东街严家祠主持召开党员大会，成立中共电白县支部，这也是广东南路地区第一个成立的中共党支部。邵贞昌被推举为首任党支部书记。党支部的创建，是电白党史的一件大事，也为全县农民运动的迅猛发展起到了战斗堡垒作用。之后，电白县党支部的党员人数，从开始的几名发展到三年后的100多名。

7 抗日枪声

电白军民打响南路抗日第一枪

1937年侵华日军发动“七七事变”，抗日战争全面爆发。翌年10月，南下日军为保护水陆交通，常派军机对电白一带进行轰炸，还不时用军舰炮击或派部队入侵，烧杀抢掠，但都没有完全占领电白。其原因一是日军战线过长，作战兵员不足，无力实施占领；二是各地支持，电白动员全民抗战，削弱了日军的作战能力。

当时的电白，国民党没有驻扎大部队，仅有张炎将军部下唐威、何中行组织的一支电白民众抗日救亡运动武装政治工作队伍，人数仅1000多名，武器装备差，战斗力不强。但是，在敌强我弱的情况下，电白广大军民还是很顽强地奋勇抗击着日军的进犯。

1939年7月的一天晚上，月色朦胧，一股日本海军乘坐一艘橡皮艇侵入电城附近海面挑衅，用机枪疯狂扫射沿海渔船，渔民渔船损失惨重。

为打击日军的嚣张气焰，中共电白县中心支部书记、国民兵常备队中尉政治指导员黄秋耘决定予以还击。他立即带领40多人的加强排，在渔民的引导下潜伏到海滩边的芦苇丛中，等日军橡皮艇驶近时，以密集火力射击，封锁海面。日军见我方已有所准备，且情况不明，不敢贸然进攻，只好怏怏地撤走。

这是电白军民打响的抗日第一枪，也是广东南路地区军民打响的抗日第一枪。既显示了电白军民抗日救国的坚强意志，也打击了日军的嚣张气焰。

电白抗日武装起义

1945 年 1 月，在吴川武装起义十多天后，中共电白县特别支部特派员陈华传达南路特委关于立即发动抗日武装起义的指示。1 月 27 日，中共电白县特别支部书记庞自带领严子刚、罗英抵达电白大衙华楼村部署武装起义事宜。当时集中在华楼的起义队伍有四五十人三四十支枪。按照上级指示，起义队伍的番号是“电白县人民抗日游击队第一中队”，陈广杰任中队长，庞自兼任指导员，他们计划于当天晚上袭击国民党松华乡公所。但行动前发现国民党华楼村的保长向县府告密，情况发生变化，已经组织起来的武装队伍虽走散一部分，但仍有 30 多人 20 多支枪。当天晚上队伍转移到白花岭脚的一条小村里住宿。28 日清晨，队伍开到白花岭上的稔窝田村驻扎，以待各地起义队伍前来会合。29 日深夜 11 时许，遭国民党地方武装的袭击，起义队伍边还击、边撤退，撤出的人员，在集中起来之后，分散掩蔽，化整为零，以待时机。但在反袭击的战斗中，战士陈广邦壮烈牺牲，陈广畔、陈广弼、陈广洲、陈亚惠等 4 名战士被俘，后英勇就义，华楼及稔窝田村各 1 名群众被害，首次华楼抗日武装起义失败。

同年 7 月，日军由沿海公路（今称广湛公路 325 国道）经黄坡、梅菉和水东，撤往广州。国民党电白县当局一片混乱。电白党组织研究决定：在大衙再次组织抗日武装起义，霞洞、马踏两地起义配合。于是以大衙、林头、木院等地区游击队为基础组织起300多人的队伍，再在其中调出100多人，成立“南路人民抗日解放军电白大队”，严子刚兼任政委，陈广杰任代理大队长（上级任梁昌东为大队长，但未到职）。大队下设三个中队：一中队队长陈广杰（兼）；二中队队长林凤文；三中队队长林凤振。起义队伍在7月12日拂晓攻进国民党大衙乡公所，开仓分粮，赈济贫民；接着宣传党的政策，群众欢欣鼓舞。但当天下午，撤穗日军将到水东，驻水东地区的国民党保安队便仓皇逃窜，路过大衙与起义队伍遭遇，经过1个多小时的战斗，起义队伍撤出大衙，分散隐蔽。在撤退过程中。二中队队长林凤文、战士林洪年突遭乡兵伏击，不幸被捕，后英勇就义。

电白抗日武装起义均以失败而告终。

附注：指挥电白军民打响广东南路抗日第一枪的黄秋耘从革命者成长为当代著名作家。著有《锈损了灵魂的悲剧》(1980)、《丁香花下》(1981)、《黄秋耘散文选》(1983)、《黄秋耘文学评论选》(1983)、《黄秋耘自选集》(1986)、《往事并不如烟》(1987)、《杂文选粹》(1988)、《风雨年华》(增订本,1988)等多部文学作品。

8 解放电白

1948年底，中共香港分局发出关于“迅速将各地武装正式编成纵队下属支队”的指示，中共粤桂边区党委决定在茂电信地区建立中国人民解放军粤桂边纵队第五支队。

1949 年 5 月，中共高州地委任命邵若海为粤桂边纵队第五支队第十三团团长兼政治委员，张顺南为政治处主任。十三团成立后，邵若海亲赴阳江，将电白独立连整编为十三团第一连，下辖 4 个排 1 个政工队。

电白独立连（后改编为十三团第一连）为避免敌人围剿，先在茂名、电白多地作战，后转战阳江，与粤中纵队第二支队第八团并肩战斗，先后攻打了阳江儒洞乡公所、龙门乡公所和沙扒盐警队等，锻炼了部队，取得了可喜的战绩，为迎接电白全境解放做了充分的准备。

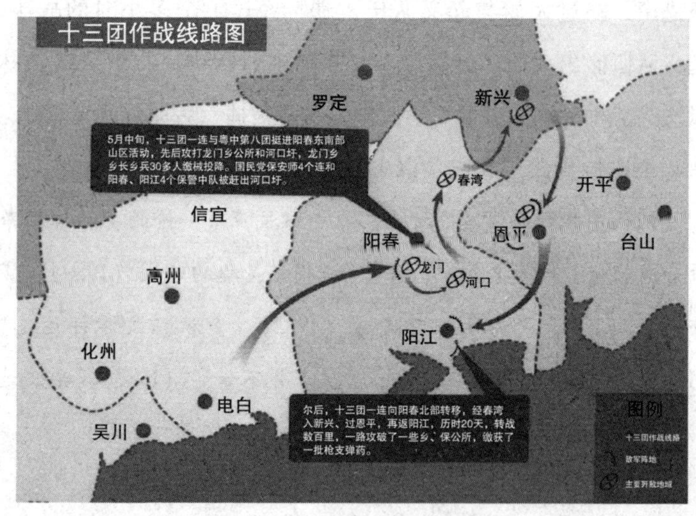

粤桂边纵队第五支队第十三团转战茂电阳示意图

1949 年 10 月 29 日，中国人民解放军第二野战军第四兵团四十师一二〇团追歼国民党俞英奇残部到阳江儒洞。于下午二时左右在未与电白地下党组织取得联系的情况下，挥师进入电城，电白县城解放（10月29日这一天被定为“电白解放日”）。

一二〇团获悉国民党在电白的最后一任县长王德全及其武装已于数天前撤往其老家霞洞圩，便派一个连队于30日取道观珠，向霞洞进击。

电白地方部队领导钟正书等在林头（当时林头乡兵和联防中队已经起义，林头成了解放区）得知县城解放，于10月31日带着随员赶往电城。11月1日上午与一二〇团领导交流时谈及与王德全于9月初在其老家秘密谈判，签订协议答应起义之事。该团政治委员写了指令交钟带往霞洞，指示进击连队要争取和平解决，同意王德全起义，不要伤害他。钟正书等步行至观珠歇息一夜，次日中午到达霞洞时，王德全已被不知内情的进攻部队击毙。钟正书等找到其子王昌怡了解情况，才知其父前几天已做了投诚安排。他们完全没想到解放军会如此神速，一切的安排都落了空（1989年，中共广东省委统战部核实批准，追认王德全为原国民党起义人员）。

接着，各游击区的区队分头接管了国民党在电白的所有党、政、军机关，全县遂告解放。

11月2日，电白地方部队领导杨瑞芬率十三团和部分武工队以及政府工作人员1200余人，从县城东门开进电城。一同进城的有钟正书等负责同志。当日，杨瑞芬身穿黑士林唐装衫裤，戴毡帽，穿蓝操鞋（不着袜子），在秘书杨永程、警卫队长蔡景云等的陪同下步行进城。进城部队由区扬宪高擎红旗

解放军进入电白县城盛况

前导鱼贯而行。城内店家大开店门，燃放鞭炮夹道欢迎。部队由东街到西街，再转南街经北街游行一周，然后于圣殿大操场集中。这时，群众纷纷聚拢来围观，数千军民欢欣鼓舞。杨瑞芬在现场发表简短讲话：一是人民政府将在全县进行减租减息活动，然后实行土地改革；二是人民解放军保护民族工商业者利益；三是全县人民立即行动起来支援前线，解放海南。

接着，部队分赴驻地，政府工作人员进驻西街原医院。原县府于抗战时期屡遭敌机轰炸，已成废墟。新县府只好暂借旧医院办公。

3 日，电白县人民政府成立，杨瑞芬任县长、李延年任副县长，并发布第一号政府安民布告。布告是以“奉中国人民解放军粤桂边纵队政治部命令”发布的，下款有“电白县人民政府县长杨瑞芬、副县长李延年”的署名。同时，于临时驻地挂出县政府牌子（红纸书写）开始办公。嗣后成立“电白县军政委员会”和“电白县支前司令部”等机构。军政委员会主任钟正书，副主任杨瑞芬、唐力生、邵若海；支前司令部司令由杨瑞芬兼任，政委钟正书，副司令李延年，副政委唐力生。

新政权成立后，全县被划分为6个区36个大乡173个小乡。此后，新政权即着手进行解放海南岛的支前动员和组织土改工作。

9 围歼敌特

从1962年起，蒋介石错误地以为大陆政局不稳，大肆叫嚣“反攻大陆”，训练了大批武装特务，用船只、飞机送到沿海地区，偷登或空投，企图建立“游击走廊”，以颠覆人民政权。但这些偷登和空投的武装特务前脚刚着地，后脚就陷入了人民群众的天罗地网之中。

绿豆岭全歼偷登特务

1962年秋，国家安全部门获得情报：台湾当局将派武装特务在广东沿海偷登。电白县作战指挥部根据上级指示精神和本县实际情况，做了充分的反偷登准备，确定以爵山沿海为重点防范区域，并增设临时巡逻哨22处，执勤民兵300多人。同时与驻县部队、军警（野战军1个连、测绘大队、炮兵分队、雷达分队、海军观通站及民警）等300多人联合布防，在广湛公路（今325国道）儒洞至电城一线南侧，形成三道封锁线实施包围，并派机动船只在海上堵截，断敌退路。

10月24日，台湾当局“中央情报局”派遣的“广东省反共救国军第五、第六纵队”共22名武装特务，从高雄出发，于28日零时5分在电白爵山公社下村附近海岸偷登。下村执勤民兵发现敌情迅即电告县作战指挥部，指挥部连夜通知沿海军民严密封锁海防线。深夜2时，附近军、警、民兵同时赶到现场，堵死敌人进、退路，形成层层包围圈，然后展开搜索。17时许，民兵发现敌人躲在绿豆岭流水坑里，各路军、警、民兵一齐赶来将敌围住，高呼“缴枪不杀”。敌无处可逃，只得缴械投降，很快就活捉特务21人，随即进行审讯。被活捉的特务电台台长供认：“我们的司令还在山腰一个洞沟里。”民兵立即继续搜山，很快就发现杂草丛中的水窝里趴藏着一个特务，屁股向天。民兵杨妹九手疾眼快，一个箭步冲进去，抓住他的颈部，这个特务浑身湿漉漉的，哭丧着脸连说：“我投降，饶命！”至此，22名特务全部被活捉，其中2人中弹受伤，1人服毒欲自杀，经抢救脱险。这股特务分成两队，每队11人，其中有正、副司令6名，电台台长1名。缴获的战利品有手枪21支、冲锋枪2支、卡宾枪9支、无声手枪2支、各种子弹1321发、手榴弹9枚、刺刀18把；电台2部，军用地图2幅，望远镜2架，收音机2台，毒药21瓶；黄金42两18克，美钞140元，港币3520元，人民币1745元，假人民币70845元，人参24棵，手表26块，其他物资一大批。我方无一伤亡。

审讯时，特务头子哭丧着脸，第一句话就说：“我受骗上当了。下船时，长官对我们说，你们一上岸，就有人来迎接。”第二次审讯时，他又跪又拜，说：“我罪过，乞求不杀，我还有老婆子女在台湾！”

这次围剿偷登武装特务取得了完全胜利。1962 年 12 月 31 日，广东省政府、省军区颁布命令，授予电白县爵山公社海后哨所为荣誉哨所；民兵杨妹九被授予一等功，后当选为中共九大代表；海后大队党支部书记、海后哨所所长杨大应被授予一等功，1964 年当选为第三届全国人大代表；民兵营长吴钦被授予一等功，1963 年当选共青团全国代表大会代表；还有排坡党支部书记杨基、北山大队民兵营长陈土年被授予一等功，民兵杨福基被授予二等功。

石磊山上擒飞贼

全部偷登特务生擒后，经审讯教育，特务台长答应向台湾发报，谎称偷登成功，已在电白北部山区建立活动据点，要求高层派特种部队前来增援，尽快实施“建立游击走廊”计划，并定下鹅凰嶂附近 723 高地为空投地点。台湾接报后，喜出望外，立即调集兵器人马准备空投。但狡猾的敌人却将空投点临时改在阳江县鹿塘岭地区。为全歼空投之敌，我方派出兵力 1750 人，其中部队 470 人（含高射炮兵 300 人），电白县民兵 7 个连计调用 290 人，阳江县民兵 5 个连计调用 360 人，民警支队 630 人将鹿塘岭周围 4 平方公里的地方包围起来。

12 月 4 日零时，美国驻台湾特务机关“海军辅助中心”派遣的 U2 高空间谍侦察机 1 架，载着 4 名台湾特务，飞临空投地点进行空投。但由于该机遭我军预伏炮火猛烈射击，惊惶失措，将人员、物资投到我预设的包围圈之外的石磊山地区。此时，我军预伏部队和民兵，立即按照指挥部预定的歼敌方案，形成新的包围阵势，分三路前进追歼：一路为民警支队、电白民兵 965 人，从 463 高地的北侧出发，沿火烧鹅山麓向石磊山左侧迂回；另分一路 100 余人的兵力直插石磊山中央地区；一路为侦察连、警卫连和阳江县民兵 489 人，从鹿塘岭等地出发，沿 602 高地向石磊山右侧迂回，形成钳形合围。

美蒋特务全部陷入我军民布下的天罗地网之中。

天亮后，围捕行动开始。经过 14 小时的搜索，在石磊山西侧，先后捕获台湾“特种部队上尉电台台长”王作亭，“特种部队中校通讯组长”李华常和“情报局上尉”张志君（另一名特务在空投中因降落伞问题而摔死）。缴获空投物资 6 大包，计有电台 3 部，轻机枪 2 挺，卡宾枪 15 支，手枪 7 支，无声手枪 1 支，各种子弹 4790 发，其他物资一批。取得了反特敌作战的重大胜利。

0204 号渔船渔民海上勇擒特务

1963 年 6 月 26 日，电白县大榜公社（今岭门镇）东山渔业大队 0204 号渔船 9 名渔民，在阳江县外海域作业时，被流窜海上的台湾“广东省反共救国独立军独立第三十一纵队第三支队”8 名武装特务劫持。28 日，渔船驶至珠海县湾仔附近海面上时，船上渔民在赖传的带领下，斗智斗勇，赤手空拳与敌特殊死搏斗。赖传、赖乙、赖兆荣等像猛虎下山一样，把特务打得落花流水，将敌特副司令活捉，并缴获武器一批返航，其余7名特务跳海逃命。

7月4日，当0204号渔船众英雄凯旋回到东山渔港时，受到湛江专区和电白县慰问团、当地各界代表6000多人的热烈欢迎！

7月6日，中共电白县委、县政府和县武装部在水东镇隆重举行庆功大会，省人委、省军区、湛江专署、湛江军分区领导出席会议，县委书记王占鳌代表电白县委、湛江地区对0204号渔船上的英雄渔民进行颁奖，表彰9名渔民勇擒特务的英雄事迹，广州军区、省政府、省军区给予通令嘉奖。0204号渔船集体记一等功，赖传、赖乙、赖兆荣获个人一等功，其余6人也获得奖励。

10 “五好”电白

20世纪五六十年代，电白人民在县委书记王占鳌的强有力领导下，团结一致，顽强拼搏，取得了一系列令人鼓舞的骄人成绩，并获得了闻名全国的“五好县”殊荣。1958年12月，由周恩来总理签发的国务院奖状，授予电白县“农业社会主义建设先进单位”称号。

卫生好 1958年8月11日，全国爱国卫生检查团到电白县城水东镇检查卫生工作，赞扬水东基本达到“四无”（无鼠、无蝇、无蚊、无臭虫）标准。同年12月，水东镇被评为全国爱国卫生先进单位。

交通好 其间，全县大力推进公路建设，先后修筑公路128条，通车里程663.5公里，实现“乡乡通公路，村村有大道”，形成国道、省道、县道、乡道纵横交错的交通网络。

绿化好 其间，全县在荒山和海滩上大搞植树造林，造林面积达到37300公顷，形成林带、竹带、景带、红树林带“四带”景观。1959年4月1日，《人民日报》第一版刊登了《渔家女制服流沙——博贺港植树造林的故事》，报道了电白渔家女在沿海滩涂植树造林制服流沙的事迹。

1963年2月17日，《人民日报》第二版刊登通讯《造林改变了电白县经济面貌》，介绍了电白人民植树造林发展经济的经验。

1965年3月11日，《人民日报》刊发了消息《电白坚持绿化全县改造自然摘掉了贫穷帽子》和长篇通讯《电白变成了“电绿”》，并在第一版配发《学习电白、绿化家乡、绿化祖国》的长篇社论。一时间，国际友人如越南、阿尔巴尼亚等60多个国家的专家学者，全国各省份如广西、陕西、江西、山东、浙江、青海、河南、宁夏等组团100多批上万人络绎不绝地到电白参观取经。

水利好 电白自1960年至1965年期间，动员全县劳动力的一半，全力投入兴修水利、兴建大中型蓄水及海堤围工程。全县先后完成罗坑、黄沙、河角、旱平、热水、共青河、大同等水库、水系配套工程建设及鸡打港、水东、青湖三大堵海堤围工程，完成土石方1882万立方米，混凝土0.8万立方米；蓄水、引水工程3546宗。全县总库容达2.61亿立方米，引水流量10立方米/秒，灌溉面积40800公顷，占全县耕地总面积的87%，基本消灭了旱、涝灾害。农业部、省内外水电厅有关领导纷纷前来参观视察。1964年9月1日，国家水电部召开黄河中游水土保持工作会议，特邀电白县委书记王占鳌到会介绍兴修水利的经验。

生产好　1960年2月3日，党和国家领导人邓小平、彭真、刘澜涛、杨尚昆、胡乔木等在时任广东省委书记陶铸的陪同下，来到电白县检查参观水利、公路、绿化和人民群众生产生活等工作。邓小平在考察时评价很高：电白县生产、绿化、交通、水利、卫生等工作做得好，走在全国的前列，值得全国推广。他还特别表扬电白造林绿化工作做得好，说电白人民能在烧得熟鸡蛋的沙滩上（指沿海绿色长城）和沙漠化黄砂土上（指小良菠萝山）种上森林，创造了世界奇迹。考察团对电白县委、县政府带领全县人民自力更生、艰苦奋斗所取得的成绩给予高度的肯定，使电白县干部群众受到巨大鼓舞，全县再度掀起了工农业生产建设新高潮。

1963年3月，时任中南局书记、广东省委第一书记陶铸到电白检查工作时，赞誉电白为“五好县”：“生产好、水利好、绿化好、交通好、卫生好！”6月5日，《南方日报》头版头条刊发了《电白人民发愤图强使山河改观穷县变富》的长篇通讯。

截至1965年，全县实现工业总产值3884万元，农业总产值36233万元，社会消费零售总额5590万元，财政收入2120万元，人均国民收入192元。

同时，电白县委高度重视宣传报道工作，成立了电白县委通讯组，编印出版《电白通讯》《电白农民报》等，发行量6000多份，还积极向上级报刊媒体投发稿。1960年6月6日，《人民日报》头版头条刊登了《通讯工作的一面红旗——电白县委通讯组》，并配发短评《掀起“全党办报”新高潮》。

正因为各项工作的突出表现，电白迅速成为当时全国的一面红旗！

11 巨大关怀

习仲勋视察电白给全县三级干部做报告

1978年4月，习仲勋主政广东，经常下基层视察工作。1980年8月，习仲勋到湛江地区视察，并来到电白县调研。其时，县委安排他住进县委第一招待所。该招待所里面设有县委礼堂。习仲勋在楼上房间休息的时候，听到下面吵吵闹闹，就问招待所的工作人员是怎么一回事。工作人员回答说：“对不起，影响书记您休息了。县委正在礼堂里召开县、公社、大队三级干部会议。”习仲勋一听，决定不午睡了，立即提出要去参加会议。工作人员只好带着他走进会场。他健步走上主席台，发表了即席讲话，在场的基层干部们非常感动，许多干部说：“从来没有听过省委书记给我们做报告，这是人生第一次！”

江泽民视察电白并题词

1993年9月25日，中共中央总书记江泽民第一次到茂名视察，当天来到位于电白县南海镇的第一滩时，被这里迷人的风光所吸引，他兴奋地照相留念，说："这里的旅游资源很丰富，建好了可以跟夏威夷媲美。"并欣然题词："把茂名建成美丽的现代化的海滨城市"。这16个大字被镶嵌在一滩海滨公园那座高大的大理石纪念碑上，特别引人瞩目，成为旅游照相留念的景点。

12　历代名人

电白人杰地灵，历代名人众多。

古代，"中国巾帼英雄第一人"冼夫人就出生在电白。宋朝，高州地区第一个进士李作便是电白人；竹山（今爵山镇）的杨惟宝于元朝登进士，是第二人。及至明、清，电白县登进士榜的有21人。他们中，有历官山东、云南、京畿三道御史，后又晋升为都察院副都御史，为官清正廉明，世称"真御史"的黄子平；有为开发海南，抚循、教化苗、黎等少数民族而勤政廉政的蒋科；有为收复失地、保卫国土完整而献身的邵应郯等著名人物。

近代，电白众多的仁人志士为了国家的独立，民族的解放，人民生活的改善抛头颅、洒热血，前仆后继，勇往直前，数百名共产党人、游击队员为革命流尽了最后一滴血，如邵贞昌、李嘉、黄履韵、邵若海等烈士，为中国革命做出了巨大的贡献。

现代，出身于电白的名人更是不计其数。其佼佼者有中国稀土化学研究专家、中国科学院学部委员黎乐民；中国社会科学院文学研究所所长研究员杨义；硕士研究生导师、华南师范大学中文系主任唐启运；中国土壤科学事业开拓者、著名土壤学家、华南农业大学的创始者之一谢申。军政界有原广东省副省长、深圳市市长、市委书记李灏；中国人民解放军成都军区后勤部副部长刘玉楷；广西梧州地区中级人民法院院长江懋功；阳江市委书记、市长梁振元；茂名市政协主席吴兆奇（书画家）。在香港居住的有全国政协委员李以劻（抗日名将），香港地区事务顾问冯柏乔；中央政府驻香港特别行政区联络办公室（中联办）副主任周俊明。在国外居住的有美国南加州道格拉斯飞机公司结构工程部高级科学工程师、为美国登陆月球的科技研究做出重要贡献的区鲤腾；美国加利福尼亚州太空高级研究员、为人类征服宇宙做出贡献的冶金博士李国梁，等等。因限于篇幅，在这里无法一一作详细介绍，仅择部分以述之。

“中国巾帼英雄第一人”冼夫人

在电白，最著名的历史人物当首推冼夫人（522～601）。

南朝梁普通三年（522）十一月二十四日，在古高凉丁村（今电白电城镇山兜丁村）一俚族大首领世家，生了一个女孩，传说起名冼百合。

冼百合年幼时，追随父兄逞勇斗狠，经历过几次部族之间的械斗，颇有男儿气概，稍长更得异人传授武艺及韬略，不但

冼夫人画像

能够挽弓执刀与敌人拼杀，且深谙行军布阵之法。因此，深得族人的器重和信赖。

冼百合年仅十余岁时，父母就死于征剿战场。于是她代替父母抚循部众，行军用兵。嫁给高凉太守冯宝后，夫人辅佐冯宝平息了广东原住民与中原人的冲突，促进了中原人和南越族的和解，并引领海南岛各族部落归附梁朝，开始设立崖州，使海南岛再次归属中央王朝。

多年来，冼夫人不仅辅佐丈夫、儿孙治理政务，还亲自披甲上阵，先后粉碎了高州刺史李迁仕、广州刺史欧阳纥以及番禺王仲宣等人的叛乱，上书隋文帝查办番州（今广州）贪虐总管赵讷，并以八十高龄持诏巡抚岭南、海南各州，建立起赫赫功绩。同时引进汉族中原文化和生产技术，创办学馆，推行礼制，使岭南各地的经济、文化得到迅速发展。

冼夫人一生始终致力于国家的统一和民族团结，不遗余力地协助朝廷剪除地方割据势力。惩治贪官污吏，革除社会陋习，以促进民族融合和推动社会文明进程。她事国以忠，亲民以德，行政以仁，治兵以义，恩播百越，威震南天，深受百姓爱戴，屡得皇朝褒扬。而她的子孙们相继为祖国的和平统一和民族团结尽心尽力，成为南朝梁、陈及隋、唐初稳定珠江流域政治局面的主要支柱。其精神可概括为：爱国统一精神、爱护人民精神、民族团结精神、改造社会精神四个方面。她为岭南地区社会相对百年的稳定和经济发展做出了巨大的贡献，是爱国主义的典范。

隋仁寿元年（601），冼夫人卒于海南，翌年归葬其娘家山兜之原。

冼太夫人是我国古代杰出的政治家、军事家，是中国唯一能够在“二十四史”上立传的少数民族女性。

冼夫人的后代也很有作为，其中最有作为的就是其孙子冯盎。

冯盎牢记其祖母“要维护祖国的统一，维护民族的团结，不要搞分裂”的教诲，不肯自立为“南越王”，归顺大唐。他有子30人，奴婢万余人。为使这个庞大的家族有个安定的住所，便在电白霞洞建立冯家村，休养生息（宋《太平寰宇记》），为岭南局势稳定和社会安宁做出了巨大贡献。其死后被赠左骁卫大将军、荆州都督。

冼夫人另 后代冯元一也很有名。他就是后来改名为高力士的唐代宦官。曾为杨贵妃推介其家乡荔枝。

冼夫人历经梁、陈、隋三朝，先后被册封为“石龙郡太夫人”“宋康郡夫人”“谯国夫人”。谥为“诚敬夫人”。后人及民间都尊称她为冼太、冼太夫人。“岭南圣母”则是岭南绅民奉给她的尊号。

新中国成立后，周恩来总理称颂冼太夫人为“中国巾帼英雄第一人”。2002年，中共中央总书记江泽民视察高州冼太庙时，盛赞冼太夫人维护国家统一、增强民族团结的精神，称她为“我辈后人永远学习的楷模”。

2002年，广东省文物专家认定：冼太夫人出生地是电白电城山兜丁村已无争议，冼太夫人墓为其正式陵墓，皆因俚人有死后归葬娘家之习俗。

2013年3月，丁村隋谯国夫人冼氏墓被定为全国文物保护单位，是茂名市目前唯一列入“国保”级的文物保护单位。

冼夫人最有作为之孙冯盎

冼夫人与冯宝生有唯一的儿子冯仆，后冯仆与冼氏结婚生有三子：冯魂、冯暄、冯盎。

冯盎（？~646）是冯仆的小儿子，字玉昆（《新唐书·冯盎传》说是“字明达”），号佳漳，唐代高州良德（今电白霞洞镇）人。

作为冼夫人之孙，冯盎少年时就颇有谋略，英勇善战。隋开皇中任宋康县令（境域为今广东阳西织篢至电白电城之间）。开皇十年（590），番禺俚帅王仲宣起兵抗隋，岭南各族首领纷纷响应，围攻广州总管韦洸。冼夫人派他领兵前往救援。不久，他击杀王仲宣部将陈佛智，会合隋军击败王仲宣。冯盎因功封为高州刺史。

隋仁寿二年（602），潮（今潮阳西北）、成（今封开东南贺江口）等五州僚人造反。时冯盎的祖母冼夫人已故，他便亲自前往京师请旨讨伐。文帝杨坚诏左仆射杨素与他商议敌方形势，冯盎分析得头头是道。杨素颇为惊叹，说：“想不到蛮夷中竟有这等人物。”于是命他领江岭兵进行讨伐。平乱后，冯盎授金紫光禄大夫、汉阳太守（明嘉靖《广东通志》载为漠阳太守）衔职。

隋大业七年（611），冯盎随炀帝出征辽东。后升迁左武卫大将军。

隋义宁二年（618），隋朝灭亡，冯盎与其子冯智戴逃返岭南，聚集各部落酋长，拥兵马5万之众，守土防乱。

唐武德三年（620），番禺（广州）、新州（新兴）的高法澄、冼宝彻起兵，杀朝廷官吏。冯盎率兵平叛。宝彻侄智臣复聚兵于新州拒战，冯盎率兵征讨。交战时，冯盎在阵前，除去甲胄大声说："你们认识我吗?"智臣的士兵一看是冯盎，便纷纷放下武器，袒胸露背，下跪投降，宝彻、智臣等均为冯盎所擒。从番禺到苍梧（今广西梧州），以至朱崖（今雷州半岛、海南岛一带）等地全部归附于冯盎，他自称为总管。

当时，有人力劝冯盎"自立为南越王"。但他牢记其祖母"要维护祖国的统一、维护民族的团结，不要搞分裂"的教导，始终不为所动。他说："我世居南越，迄已五代。作为岭南边疆大吏的，也只我一姓，子女钱财我都有啦，人生富贵像我一样的也不多。我常常担忧的，是如何才能无愧于先人所创建的勋绩，怎敢擅自称王呢!"由于冯盎治理有方，岭南局势稳定，社会安宁。

唐武德五年（622）七月，冯盎归降唐朝。李渊以其所辖之地划分为高、罗、春、白、崖、儋、林、振八州。授冯盎为上柱国、高州总管，封吴国公，后改越国公。封其子智戴为春州（今阳春）刺史、智彧为东合州（今雷州）刺史。不久，又改封冯盎为耿国公。

贞观元年（627），有人诬告冯盎反叛，说他已发兵拒境。太宗李世民诏示右武卫将军蔺謩率领江岭甲兵准备讨伐。魏征进谏道："唐刚建立，百废待举。军队作战很是疲劳，又流行疾病。且朝廷之兵不应与蛮夷作战，就算打胜，也不足显示我方强大；倘若战败，则是莫大的耻辱。更何况冯盎在动乱之时虽有略州控夷的行动，但现在当地社会已安定。说他有所图谋，却没有真凭实据。不如对他加以安抚，让他慑于朝廷的威力，必然会来归附的。"太宗于是派遣散骑常侍韦叔谐（《资治通鉴》载为李公淹）前往安抚冯盎。他即派其子智戴入朝侍帝（实质是以子做人质，表示归降之意）。太宗说："魏征一席言，胜于十万兵。"

贞观五年（631）正月，冯盎上京朝见，太宗宴赐很是丰盛。

不久，罗窦（今信宜镇隆）诸洞僚人叛乱，太宗诏冯盎率二万兵众为各路军先锋剿除。僚人数万人据险固守，如果硬攻不知要死伤多少人，于是冯盎决定智取。他张着弓箭对部下说："我的箭射尽，胜负便可见分晓。"他连发 7 箭，命中 7 人。僚人恐惧，纷纷弃械逃走，冯盎率部众乘机冲杀，僚人千余毙命。僚乱平定后，太宗派智戴归省慰劳，赏赐不可胜数。其时冯盎有子 30 人，奴婢万余人。为使这个庞大的家族有个安定的住所，他在电白霞洞建立冯家村，休养生息（宋《太平寰宇记》）。

贞观二十年（646），冯盎卒，赠左骁卫大将军、荆州都督。

唐代宦官高力士（冯元一）

高力士（683~762），本姓冯，名元一，为宦官高延福养子，冒姓高。祖籍高州良德霞洞堡（今电白县霞洞镇）人，年少时随父冯君衡于任所潘州（今高州县城）居住，因而《旧唐书》说是潘州人。《新唐书》则直指其为“冯盎曾孙也”。高力士实为冯盎之曾孙、冯智戴之孙、冯君衡之子。

唐长寿三年（694）二月，有人诬告岭南流人谋反，武则天派司刑评事万国俊以监察御史衔前去查处。万国俊到广州后，将流人300多人驱至水滨全部斩杀。与流人有来往的也受株连。潘州刺史冯君衡因受此案牵连而被抄家。冯元一时年11岁，免死被阉，入朝后改名力士。

力士年幼时性格倔强，但聪明伶俐，很得女皇武则天赏识，敕给事左右。后犯小过，被鞭挞后逐出禁宫。中人高延福收为养子，从此改名高力士。延福出自武三思门下，力士常往来于三思家，因而在一年多后，则天又召力士入宫。成年，身高六尺五寸，办事谨慎缜密，善传诏令，受任宫闱丞。

唐景龙二年（708），临淄王李隆基在藩邸集才勇之士图谋帝位，高力士倾心巴结，李隆基把他引为知己。景龙四年（710），李隆基发动宫廷政变，杀韦后、安乐公主和武氏党羽，睿宗李旦复帝位，立隆基为皇太子。力士参与谋划有功，擢升为朝散大夫、内给事，掌管宫内百事，常侍太子左右。

唐太极元年（712），力士协助李隆基又一次发动宫廷政变，太平公主及其死党萧至忠、岑羲等被诛。力士因功迁银青光禄大夫，行内侍正员。开元二年（714）加封右监门卫将军，知内侍省事。玄宗宠信宦官，尤以力士为心腹，他说："有力士管事，朕才能睡得安稳。"自此，力士权倾朝野，各地进奏的文表，必先呈力士阅后才进呈皇帝，小事便自行决断。朝廷内外大臣也纷纷讨好力士，就连显赫一时的李林甫、杨国忠、安禄山、高仙芝、宇文融、盖嘉运、韦坚、杨慎矜、王拱、安思顺等也因巴结高力士才能官居将相高位。太子李亨称他为二兄，诸王、公主、驸马称他为爷、翁，皇帝李隆基也不叫其名而叫将军。

唐开元初，力士娶吕氏为妻。其妻父玄晤也因之擢封少卿刺史，妻弟等皆为王傅，妻母死后葬城东，葬礼甚盛，朝内外争为祭赙，自家至墓地送葬者车马不绝。天宝元年（742），加封力士为冠军大将军、右监门卫大将军，进封渤海郡公。天宝七年（748），加封力士为骠骑大将军，其家产之富有非王侯能比。

那时，皇帝李隆基的妃子杨贵妃最喜吃岭南荔枝。高力士即投其所好，命人回其家乡良德霞洞堡通过马匹、驿站飞驰送进长安。唐代大诗人杜牧《过华清宫绝句》："长安回望绣成堆，山顶千门次第开。一骑红尘妃子笑，无人知是荔枝来。"指的就是这种盛况。从此，岭南荔枝妃子笑便天下扬名（今电白县霞洞镇新河村、进奉园村，羊角禄段登高坡村和相邻的高州市根子镇都有各自的大型荔枝贡园，证明当年这里的荔枝一直就是皇宫的贡品）。

天宝十四年（755）十一月，安禄山、史思明发动叛乱，危及两京。天宝十五年（756）五月，玄宗避乱入蜀，力士随往。行至马嵬坡，将士哗变，杀贵妃之堂兄杨国忠，并胁迫玄宗杀杨贵妃。玄宗犹豫不决，力士劝言说：“将士已杀国忠，而贵妃尚在皇上左右，怎能自安？将士又怎能心安？”玄宗遂命高力士缢杀杨贵妃。至成都后，高力士因护驾有功，受封齐国公。后遭人陷害，流放黔中道。

宝应元年（762）三月，代宗李豫称帝，高力士遇赦还京。归至朗州（今湖南常德市）遇流人，言及京国事，得知皇上驾崩，高力士悲恸不已，面朝北呕血而卒。代宗因他保护先朝功绩卓著，复其原官职，并赠封扬州大都督。陪葬泰陵（唐玄宗李隆基墓，在今陕西蒲城县境）。

南宋抗元英雄“忠烈侯”黄十九

南宋时，电白出了个文天祥式的英雄人物，他就是黄十九。

黄十九（？～1278）祖籍福建莆田，宋初闽邑巡抚司徙十三之后。宋咸淳年间，黄十九自闽来粤任高州巡检。卸任后，便一直择居电白庄垌（今电城庄垌村），成了电白人。

宋末小皇帝赵昺被元兵追逼，于景炎三年（1278）五月离崖山（今广东省江门市新会市南）渡海南下，驻跸电白庄山。元兵逼至，在国家民族处于危亡时刻，黄十九对南宋朝廷赤胆忠心。他以文天祥为榜样，以勤王护驾为己任，率领军民3000多人，奋勇抗击元兵，奋力护卫赵昺脱险。但最后黄十九因势孤力单，寡不敌众，壮烈就义。后人将他安葬于电城庄山之北麓。

同月，赵昺在硇洲登极，改元祥兴。赵昺帝因念黄十九精忠报国，壮烈牺牲，赐封他为“忠烈侯”。

为官清正廉明"真御史"黄子平

明初，电白县长山村（今七迳镇东山村之长山村）出了个朝廷大官，他就是被明太祖朱元璋誉为"真御史"的清官黄子平。

黄子平（1351～1424），字逢熙，号观澜，祖籍福建莆田潘里乡黄巷村。宋末元初，其祖父黄麟书为避兵祸，一路南下经商至电白，初居那珠村，后居长山村，成为长山黄氏开脉始祖。

黄麟书次子黄杲，字仁甫，号阳明，娶了杨、王二房妻室，先后生下子太、子平、子安、子宁、子明、子静、子国、子家八个儿子，子平排行老二。

其时黄家已不比从前，家道中落。为了儿子的前程，黄杲把子太、子平先送入私塾就读，自己给在水东开当铺的一山东老板打工，其全家人也都住在老板安排的宿舍里。

当铺老板夫妇年过半百，因无后嗣。后找准机会，留下一纸书信竟将子太拐回山东老家，收为养子，仅留下房产当铺等相赠补偿黄杲一家。

从此以后，黄杲夫妇更加细心地照顾几个儿子，并随年龄的增长，将他们一一送进私塾读书。兄弟七人也挺争气，子安做了廪生、儒官，子宁、子国是庠生，子明是同知，子静、子家是寿官。

子平表现尤其出色。洪武十七年（1384）甲子科乡试中考取经魁（全省单科第一名）。次年进京赶考，考中进士，名列乙丑科二甲二十六名（黄氏谱牒载为二甲十三名）。更令人感到万分意外的是，一同中进士的竟然还有兄长子太。原来，子太自从被拐到山东后，一直不肯更改姓名，20余年来发愤苦读，也中了进士。

黄氏兄弟同科且久别重逢感动了皇帝朱元璋，特地召见了兄弟俩，并恩准他们一同衣锦还乡。消息很快传回家乡，轰动粤西，传为佳话（子太娶妻原氏，后官至正五品。因其入籍山东，其生平与后裔不详）。

洪武二十四年（1391），黄子平从侍郎监察御史擢升为山东道监察御史（正七品）。因表现突出，不久又被升为山东、云南、京畿三道御史。洪武三十年（1397），擢升为都察院副都御史（正三品），是电白县在历朝中级别最高的朝官。

子平生性刚正不阿，不畏强御，以直言敢谏、激浊扬清著名，深得朱元璋的赞赏和称誉，曾多次在众位公卿大臣的面前称赞黄子平为名副其实的“真御史”。

建文二年（1400）春，黄子平不避权贵，上疏弹劾，遭到朝中权贵的排挤，奏疏被“留中”。黄子平于是谢病归退。

黄子平还乡不久，便在长山村后主持了黄氏宗祠的扩建工程。他将自己的《家规碑》刻在祠壁上，告诫子孙要在家尽孝，在国尽忠，并著有《忠贤记行》一书。

朱棣即位后，曾经一度想起用黄子平为正二品都御史，但他已经厌倦了官场斗争，故竭力推辞，不肯就职。在二十余年晚年乡间生活中，黄子平深居简出，在家乡兴修学舍，传学授业，造福乡里。

永乐二十二年（1424）八月十六日，黄子平寿终长山村，享年74岁，葬于神电卫（今电白电城镇）东北下保宁乡之原。

霞洞崔氏出了三个肃贪廉吏

明代，电白霞洞大村崔氏是大姓，先后出了崔则高、崔则乾兄弟俩和崔浩等三个生卒年月均不详的肃贪好官。

明洪武十五年（1382），崔则高官至湖广按佥事，他到任后，体察民情，不徇私情，秉公办案，清正廉明，不苛取一分一毫，深得民心。因劳累过度死于任内，居然因没钱运归故里安葬而葬于江夏（今武昌）。

崔则高亲弟崔则乾聪敏好学，能两手握笔书写，字迹秀雅，犹善番书。明洪武十五年（1382），时番夷犯边，危害百姓，皇帝下诏招能懂番书之才，举朝没能胜任者。崔则乾闻知即领旨挥毫，书写檄文，呈帝御览，龙颜大悦，即时召见，特拜朝议大夫。后出任福建布政使司参议，居官清廉，减免赋役，多有惠政。年老后退职归家隐居。

崔浩，字文渊。他少年时在家乡霞洞浮山岭的悬崖上筑屋闭门苦读经史，学有所成。于明天顺元年（1457）喜登进士。

天顺四年（1460），英宗朱祁镇于京师诏见百官，首举更贤育民之典，精简州县之吏，革除贪官，又于进士中选择有名望者补充之。当时广东有潘洪、吴浍、梁昉、崔浩等4名进士入选。之后，这4名广东进士均被派往四地任职：潘洪去东平州，吴浍去弋阳县，梁昉去萧山县，崔浩去江苏吴县。

崔浩到吴县赴任后，立即着手扫除苛政，严革陋规，官吏中有贪赃枉法者全部革除，人们称之为“虚堂一镜”。及后虽有提升，但崔浩辞职不受，归故里后，潜心授书育人。

爱民如子好县官黄廷圭

出生于电城庄垌的广西罗城知县黄廷圭是很受士民爱戴的清官。

黄廷圭（1443~1513），字朝用，生于明正统八年（1443）正月十四日。他幼年勤奋好学，成化十年（1474）中举。弘治元年（1488），县尹徐亨聘黄廷圭纂修县志（传说此县志为有史记载的电白县第一部地方志书）。

六年后，黄廷圭授任广西罗城县知县。其时，罗城的官吏为搜刮民财，曾立有旧例：县中子民添一丁，要出铜钱二百文，供官府里甲收缴，称为万民钱。黄知县到任后，体恤民情，关心百姓疾苦，立即下令废除上述旧例和一切苛捐杂税，士民对此十分感激，称他为“黄天平”。

黄廷圭治理罗城五年，政绩卓著，还主修成《罗城县志》。

弘治十二年（1499），廷圭母逝，他只好辞职归故里守孝。离任时，“罗城士民，数百泣送”（《罗城县志》），并赠黄金千两，廷圭坚辞不受。罗城士民对黄爱戴情深，无可为报，遂“爰凿石栏井口，相率百余人，踊跃奔驰，自罗运电，不惮远涉之劳。在（电城）庄垌，就公居第之旁，掘地及泉，砌成一井，供公日用饮食之需，表公爱民如子而爱公如父母之意”（《罗城县志》）。电白人称此井为“罗城井”（后人念及黄廷圭的清廉，故又称此井为“清官井”）。

黄廷圭守孝完满，又出任福建龙岩县令，治理有方，颇多惠政。离任后，龙岩县人民给他立“爱民父母碑”。他告老还乡后，为地方捐资铺路架桥，群众称颂，称他为有道先生。

正德八年（1513）二月二十日寿终，享年71岁。

民族英雄邵应邺

在电白，有一民族英雄阵亡后曾得到清乾隆皇帝御笔悼亡诗，这个英雄就是出生于电白麻岗那笈村的邵应邺（1734～1767）。

邵应邺，字焕廷，自小习武，刀枪剑戟，样样皆精，骑马射箭，百步穿杨。清乾隆二十一年（1756），他参加乡试，中武举。四年后参加会试、殿试，登二甲武进士。授职侍卫乾清门。

乾清门是北京紫禁城外朝至内廷的门户，应邺把守宫门，实为皇帝护卫。

乾隆三十一年（1766）三月，缅甸出兵入侵云南，占车理等地。接着又侵占腾越、永昌等边防地带。云贵总督刘藻率师抵御，失败后怕朝廷追究责任，自刎而死。总兵刘得成、参将何琼福、游击明浩等三路也大败。于危急之际，应邺受命出任云南提标游击，代理协副将职。到任后，他立即率师出征普洱、思茅、木邦、腾越，收复失地，屡立战功。其后又监理曲浔游击、新嶍参将，驻守边防。

乾隆三十二年（1767）三月，朝廷派伊犁将军明瑞补授云贵总督，兼兵部尚书，经略军务。九月，明瑞到云南，集清兵3000人，贵州、云南兵2万余人，分三路讨伐缅军。时应邺所部兵马精壮，主动向明瑞总督请求为前导。总督嘉其勇，挂先锋印，随总督为中路军出征。因日夜练兵征战，操劳过度，加上又连旬暴雨，邵应邺染疾，遂迟留一个多月。

十一月二日，始出宛顶，十日整队至木邦，缅守军望风而逃。及后，又破缅军十六寨栅，攻陷蛮结，缅军大败。是役，邵应郯带病杀敌陷阵，身先士卒，战功显赫。

十二月，清军至革龙，直逼天生桥渡口。该处地势险要，缅军于山顶立栅拒守。邵应郯所部到达时，援军未至。邵应郯虽力战，终未能克，时值大雾，白天都视物模糊，明瑞总督下令就地立栅。事毕，邵应郯出巡营房，不幸为敌军放的鸟炮击中，在返回途中，仆死马上，时年34岁。

邵应郯阵亡后，朝廷赐恤特厚，加赠一级，封武义大夫。第二年御赐祭葬，墓在官田垌山。乾隆帝的祭文为："皇帝谕祭阵亡游击邵应郯之灵曰：鞠躬尽瘁，臣子之芳踪；恤死报勤，国家之盛典。尔邵应郯赋性忠直，国尔忘身；御敌冲锋，奋勇战殁。朕用悼言！特颁祭葬，以慰幽魂。呜呼！聿昭不朽之荣，庶享匪躬之报。尔灵有知，尚克歆享"。

同时，乾隆还御笔撰写《悼阵亡游击邵应郯》一诗，以示悼念。其诗云：

翩翩裘马赴西征，细柳高风一路清。
提印既知推国士，旋师忍话陷干城。
天桥云散人何在，竹岭烟笼气未平。
自古英雄皆有死，如卿尽节岂沽名？

同时被反动派杀害的革命英烈李嘉夫妇

革命战争年代，无数的电白儿女为革命献出了宝贵的年轻生命。其中，有一对非常恩爱的革命夫妻，被国民党反动派逮捕后英勇就义，这就是革命英烈李嘉夫妇。

李嘉（1918~1946），原名李绛云，童名李雍。1918 年（民国 7 年）1 月 23 日出生于电白县正龙（今坡心镇）高圳车村，父李汉三，母李陈氏。李家生有 5 个子女，两个大的夭折了，仅存活老三李惠秀、老四李嘉和老五李灏。

李嘉的童年是悲苦的，刚出生 40 天，因母患重病，她便被送给茂名县飞马村（今茂名市茂南区）的姑母郑李氏抚养。姑母早年丧夫，膝下无子女，是个 16 岁便孀居的少妇，是封建礼教的牺牲品。

李嘉 16 岁时，已长成一位美丽可爱的大姑娘。她那柳叶眉下一双丹凤眼楚楚动人，高鼻梁和樱桃小嘴清秀别致，齐耳短发衬托着一张瓜子脸蛋显得英姿飒爽。

离飞马村不远的茂名县兰石村（今属吴川市），有一位风流倜傥的才子梁之模（1918~1946），一米七几的身高，国字脸，浓眉大眼，聪明过人，是一个好学上进的青年。

李嘉与梁之模同为 16 岁那年，由养母做主成婚。

婚后不久，梁之模赴广州中山大学读书，受北平“一二·九”运动影响，参与中大学生声援北平学生抗日救国运动。回乡后，他极力支持妻子李嘉前去茂南中学读书。李嘉在茂南中学读书的日子里，一直跟许多进步师生读马列书籍，听讲革命故事，谈抗日形势，唱救亡歌曲。几年的学校生活，使她增长了许多文化知识，明白了许多革命道理。在学校里，她努力学习，积极为中国共产党地下党工作。1938 年（民国 27

年)，李嘉参加了抗日妇女总队，如饥似渴地学习各种军事知识和革命理论，确立了为解放全人类奋斗终生的崇高理想。三年后的4月份，李嘉光荣地加入了中国共产党。

后来，党组织派李嘉回飞马村开展党的工作。经过她的耐心教育，国民党飞马乡乡长郑奎秘密参加了共产党。李嘉播下的革命火种不久便成燎原之势，飞马成为粤西地区有名的革命根据地。而李嘉婆家兰石的梁明、梁之楩、梁其荣等也先后由李嘉介绍参加了共产党。李嘉的弟弟李灏（后任中共深圳市委书记)、弟媳陈惠珍、姐姐李惠秀等在她的教育和影响下，也先后参加了革命。

1940年冬，国民党顽固派在全国掀起第二次反共高潮，张炎将军已被迫辞职，粤西地区处于一片白色恐怖之中。为了保存革命力量，党组织安排李嘉到吴川县塘缀低岭小学任教，与外界甚至家庭中断来往。当时，李嘉生活很艰苦，她每月月薪仅2石稻谷，但她自己只食用1石，另1石交给党组织做活动经费。她日常只有两件蓝布旗袍替换。

翌年，梁之模任茂名中学英语教师，很快便受到高州学生和家长的欢迎。一天，国民党副军长、高雷守备指挥官司令邓鄂，使人邀请梁之模、李嘉夫妇前去做客。当他们到邓家时，邓鄂见他们郎才女貌，赞不绝口，随即聘梁之模为其公子们的家庭教师，并请李嘉常来作客。李嘉和梁之模利用这个有利的时机，源源不断地从邓家获得重要情报，及时传送给党组织。

有一天，李嘉从邓家获知国民党准备突击检查进步教师宿舍的消息，立即向党组织做了汇报。党组织及时地通知有关教师把进步书刊藏好。当敌人来搜查时，没有发现可疑物品，从而避免了损失。

1942 年暑假，党组织考虑到李嘉与高州的国民党地方势力头头邓秀川（邓鄂之父）有亲戚关系（邓鄂为李嘉姨父），因而指示她回高州工作。她投考了高州女子师范，在该校任地下党支部书记。由于她勤奋好学，成绩优异，待人态度和蔼，工作有魄力，又敢于斗争，因而团结了一大批优秀青年。她以学生自治会为掩护，组织进步同学阅读《大众哲学》《西行漫记》等进步书刊，组织各种抗日宣传活动，培养了张平、陈叔坤、林婉玲等一批女干部。李嘉又介绍丈夫到邓鄂家做家庭教师。李嘉也随之住进邓公馆，趁机搜集情报、掩护革命干部和开展统战工作。梁之模不久向党组织递交入党申请。党组织建议他暂不要入党，继续以民主人士的身份做统战工作。

1944 年冬，中共广东南路特委指示所属各县党组织，要在有条件的地方普遍组织武装起义。李嘉、梁之模奉命撤出高州城，翌年春，他们夫妇俩来到电白羊角地下交通站李荣平家着手进行起义的组织工作。2 月 16 日，他们俩回到飞马村协助郑奎组织乡兵起义，带出长短枪支一批，然后转移到烧酒总队部。

及后，各地武装起义相继受挫，张炎将军又在广西被害，茂电信革命武装只好暂时分散隐蔽活动。1945 年 3 月，组织安排李嘉夫妇到阳江县（今阳江市）隐蔽。

抗日战争胜利后，梁之模应两阳中学校长、中大同学曾纪伦聘请，出任两阳中学英语教师。梁之模在课堂上发表了许多进步言论，引起一些人注意。在一架美国飞机失事掉落阳江时，因梁之模给美国驾驶员当翻译，引起了阳江县国民党官员的怀疑，有人向七区专员公署和邓鄂报告，说梁之模、李嘉潜逃在阳江县城。

1946年2月18日早晨，梁之模夫妇在江城北街家中被捕。李嘉大声问道："你们为什么抓人？"警察局局长恶狠狠地说："上司的命令，抓共产党和起义人员。"

父母突然被抓，三个年幼的子女被吓得大哭起来。

李嘉、梁之模穿戴整齐后，昂首阔步走出家门。

李嘉、梁之模被捕的消息，轰动江城。高州、兰石的进步人士和20多名律师联名保释。民主人士和学校师生纷纷到县政府质问和要求释放李嘉夫妇。当地党组织和他们的亲人也千方百计营救，但敌人杀害革命者的阴谋早已下定，任何营救都起不了作用。

2月22日，警察押李嘉、梁之模夫妇上船，说是从水路去织篢，然后再从陆路去高州，把他们移交给七区专员公署处理。23日，他们从织篢上岸，走到太平乡烟墩岭边时，警匪强迫李嘉、梁之模离开大路，往山上走。走到山坡上，李嘉发觉情况有异，转身紧紧地护着丈夫。李嘉的手臂遭刺刀猛扎。李嘉怒斥警匪："你们想干什么？"警匪说："我们执行上司的命令，在此处决你们。"她昂首向天大喊："老天啊，你看吧！国民党反动派丧尽天良，专门做些见不得人的丑事！"

警匪一边奸笑，一边举枪瞄准。李嘉、梁之模高呼："打倒国民党反动派！""中国共产党万岁！"

枪声响了，李嘉、梁之模倒在山坡上。牺牲时，他们都只有28岁。

解放后，亲人们将李嘉夫妇遗留的二男一女抚养成人，后来都成了国家的有用之才。他们的骸骨，经电白县人民政府多方设法寻找也有了下落，后迁葬于县城电白瓷厂附近，修建成一座合葬墓，并立了革命烈士墓碑。

2005年11月，经中共广东省委研究，同意追认梁之模为中国共产党党员。2006年3月，中共电白县委、县人民政府重新为他们修建了革命烈士纪念碑。

忠贞不屈的好党员黄履韵

解放战争时，电白有一位坚贞不屈的革命烈士，被捕后宁死也不肯给敌人透露半点机密，他就是忠贞的共产党员黄履韵(1921~1947)。

黄履韵1921年出生于马踏龙湾村。其伯父黄介公曾参加过辛亥革命，自小他就受到民主革命思想的影响。步入青年时代，正是中华民族灾难深重的时候，日本帝国主义的魔爪在电白大地蹂躏，沿海一带村民纷纷背井离乡去逃难。目睹日寇的凶残，人民的苦难，履韵痛心疾首，他刚满18岁便毅然参加了沙琅抗日游击根据地的少年团进行抗日救亡工作。

1940年夏，国民党执行蒋介石不抵抗政策，下令解散各地抗日团体。履韵回到马踏圩暂住，内心仍愤愤不平。当时他到处寻找进步书刊阅读，寻求抗日救国的途径。在共产党人的指引下，他研读了很多马列著作，逐渐树立了为共产主义奋斗的理想，认识到只有共产党才能领导全国人民驱逐日寇，取得民族的独立和解放。翌年秋，经中共党员黄东介绍加入了中国共产党。

1942 年秋，履韵接受党组织安排，到马踏小学当教师并开展革命活动。他为人和善，又勤于执教，深得师生们亲近拥护。他不时地向师生们宣传党的抗日主张，传播革命思想，指引了一批师生走上了革命道路。

1944 年夏，他接受党组织的派遣，打入马踏乡公所当文书，为党组织提供国民党的内部情报，有效地保护了马踏地下交通站的安全，使周围农村的游击小组能正常开展抗日工作，多次掩护领导同志脱险。

1945 年 6 月 10 日，由于叛徒陈广肇的出卖，黄履韵被敌人逮捕，押往霞洞收监。地下组织随即展开营救，但由于国民党想通过他找到中共电白县组织的线索，妄图将电白的革命力量一网打尽，因而营救无效。在狱中，他经受住了敌人一次次的严刑拷打和威逼利诱，始终没吐露半点组织机密，表现了一个优秀共产党员的铁骨忠心。次年 6 月，黄被押解到国民党七区行署高州监狱。敌人又是利诱，又是施用电刑，他虽被折磨得遍体鳞伤，死去活来，依然坚贞不屈，缄口不言。

反动派见在黄履韵身上得不到任何有用的东西，决定将他处决。1947 年 2 月，年仅 25 岁的他被反动派杀害于高州郊外金塘岭。

电白县第一任公安局局长邵若海

在电白，提起公安战线的奠基人，当首推邵若海（1925～1954）。

邵若海又名邵福祥，是电白县电城镇南街人。他年少时在电一小求学。1940 年秋，考入私立实践中学。他天资聪颖，学习勤奋；性格开朗，爱打篮球；为人正直，爱打抱不平；反应灵敏，政治觉悟高。在实践中学党组织的教育、培养下，参加了中国共产党地下党领导的抗日游击小组。1942 年 11 月加入了中国共产党，在学校中积极组织、领导学生的爱国运动。他所领导的“蓬勃”队（后改名电啸社）、“建东”队等球队，绝大部分球员先后走上了革命道路。

1946 年 8 月，他在水东成立“大地新闻社粤南分社”。后组织派他到广州、香港等地，以某报记者的身份从事地下革命活动。翌年，邵由香港被调回粤桂边区两广纵队驻化州第四团任连指导员。同年 8 月提任团政治处主任。

1948 年 2 月，邵调任“光中团”政治处特派员、政治处主任，并随部队东征。同年 9 月，邵被调回电白县，任中共电白县工作委员会委员、宣传部部长，并具体负责三区（水东）的地下革命工作。

邵若海单枪匹马突出重围，威震敌胆的事迹，曾名扬粤西。

1949 年 3 月的一个凌晨，邵在水东地下联络站住地突被敌兵包围，就在天将破晓的时刻，他单枪一人英勇突围，以海堤为掩护，边撤退边向敌还击。到了一个交叉路口，当他意识到已腹背受敌时，便机智地截住一辆载客单车，假扮为乘客从另一条路回到水东附近，旋即又离水东从小路撤到设在农村的地下联络站，安全脱险。

新中国成立前夕，邵若海任粤桂边纵第五支队第十三团团长兼政委。他率领全团指战员，在茂名、电白、阳江等边境地区，单独或配合兄弟部队，进行了一系列战斗，为迎接当地解放打下基础。

解放后，邵若海在新政权中任中共电白县委常委和首任县公安局局长。其时，电白境内，匪特猖獗，杀害革命干部，抢劫群众财物和支前物资，扰乱社会治安。他深入群众，掌握匪情，亲自率领公安战士，在解放军、人民群众的配合下，一举歼灭了何禄儒、陆湘、王甲挺、杨永灼等多股匪特，保卫了新生的人民政权。在历次围剿、追歼匪特的战斗中，他多谋善断，身先士卒，战果累累，因而获中南军区通令嘉奖。

1951 年，邵若海调广东省公安厅工作。

1952 年 2 月 27 日，邵若海被判刑入狱，押送湛江“劳动改造”，不想竟遇到他曾逮捕过的一个土匪也在狱中服刑。该土匪报复心切，没多久就借故与邵若海争吵，并用锄头击伤邵若海的头部，邵若海卧床不起。1954 年 8 月 29 日强台风袭击湛江，掀塌监狱，躺在床上的邵若海被压身亡，年仅 28 岁。

中共十一届三中全会后，邵若海的沉冤遂得昭雪。经中共广东省委纪律检查委员会审核，认定“邵案材料失实，原定性错误”，报经省委批准，决定撤销 1952 年华南分局给予邵若海留党察看两年的处分决定和 1954 年省公安厅判处邵若海有期徒刑 5 年的判决，恢复其党籍，恢复政治名誉。其他受邵案株连的家属、人员，均予平反，恢复名誉。1980 年 12 月 24 日，中共电白县委在县总工会礼堂为邵若海举行隆重的追悼会，以慰英魂。

全国著名土壤专家谢申

在电白，最值得骄傲的科学家，当首推谢申（1898～1990）。

谢申字崧生，是电白县观珠镇石湾乡人，著名的土壤学家。

1920年，中学毕业后的谢申考入广东农业专门学校（后改为中大农学院）选读农业化学系。由于他学习勤奋，深受系主任刘寅教授的赏识和提携。在校期间，曾先后在校刊《农声》上发表《作物之轮栽》《绿肥之研究》等十多篇学术论文。后以优异成绩取得学士学位，成为中山大学第一届毕业生，并为著名水稻专家丁颖当助手，进行水稻土地力试验和肥料试验。

谢申曾先后在广西和广东省农务局和农业试验站任技师，并于1930年回到中山大学广东土壤调查所，在土壤学界老前辈邓植仪教授领导和指导下从事广东省土壤调查研究工作。

1935年夏，谢申受中山大学派遣去美国威斯康星大学攻读土壤学硕士学位，第三年学成回国。先后担任中山大学土壤调查所所长、教授、农化系主任、院学部主任等职务，还曾担任由邵桐孙主编的民国《电白县志》编委和编辑一职，为该部县志的编辑出版做出了重大贡献。

新中国成立后，他先后担任中山大学农学院农化系主任和华南农学院土壤农化系主任。

谢申是我国土壤调查事业的先驱之一。足迹遍布广东、云南的平原山川。20世纪50年代初参加热带作物宜林带勘察，为我国发展橡胶事业做出了贡献。其一生发表论著40余部，涉及土壤肥力、作物栽培、作物生长障碍因素的土壤环境、农业生产布局等诸方面。

谢申一生热爱祖国和他所从事的土壤科学及农业教育事业。他先后当选第三届全国人大代表，广东省第二、第三届人大代表，广东省第三届人民委员会委员，广东省第四届政协常委，广东省科协第一届常务委员会，中国土壤学会第一至第四届理事、名誉理事，中国土壤学会广州分会理事长等职。

在电白，以其名义设立的谢申奖学金，每年为培养家乡人才发挥着极为重要的作用。

抗日爱国将领李以劻

李以劻（1912～2004），字劻。1912 年 7 月 10 日出生在广东电白县坡心镇正村。1928 年，考入国民革命军第十师蔡廷锴创立的学生教导营接受军训。1930 年至 1934 年任十九路军蔡廷锴部上尉参谋，七十八师少校团附、总部军士队队长，参加过 1932 年“一·二八”淞沪抗日战争。1934 年 2 月至 1935 年 8 月在黄埔军校高等教育班二期学习。1935～1940 年，历任第二路军少校营长、中校副团长、上校团长。参加台儿庄战役时，任代理团长。1940 年 6 月至 1942 年 7 月，在重庆陆军大学特别班五期学习。1942 年 8 月至 1943 年 3 月，任长沙九战区司令长官部少将高级参谋。1943～1948 年，任湖北新二十师少将副师长、代理师长，南昌中央第六军官总队少将副总队长，南京国民政府参军处少将参军兼战地视察官。1948 年 12 月至 1949 年 8 月，任福建独立五十师、第二军中将副军长兼师长，后第五十师扩编为一二一军，任中将军长。1949

年8月18日为保全福州人民的生命安全、财产安全，审时度势，毅然率部官兵8000余人投诚人民解放军，使数千名国民党官兵获得新生，也加速福建全省的解放。新中国成立后，李以劻历任中国人民政治协商会议第六、第七届全国政协委员、黄埔军校同学会理事、全国政协文史资料委员会专员。2004年11月8日，李以劻因病于北京逝世，终年93岁。

电白人民的好书记王占鳌

电白解放以来，担任电白中共县委书记的已超过20位，但最为电白人民称道的县委书记，当首推王占鳌（1904～1986）。

王占鳌是山西省武乡县蟠龙镇小活庄人，南下干部。1952年8月至1964年7月先后担任中共电白县委第三书记、第二书记、第一书记，中共湛江地委常委兼电白县委书记等职。在他主政电白长达13年的时间里，始终与电白人民同甘共苦、凡事躬亲、兢兢业业、任劳任怨、艰苦奋斗，为电白的水利建设、造林绿化、爱国卫生、公路交通、农业生产发展和改变贫穷落后面貌创下不朽的业绩！

在他的领导下，全县先后建成罗坑、黄沙、河角、旱平、热水等五大水库和罗黄、共青河、河角、热水等四大人工水渠，以及鸡打港、水东、青湖三大堵海堤围及中小型水利工程2478宗；建起东湖、西湖公园，虎头山、龙头山、菠萝山的道路及观光亭台；建成公路79条192公里，建成乡道418条611公里，乡村大道1170多公里，桥梁一大批，使电白实现公社公路化、乡村大道化。并于1958年摘除电白缺粮县的帽子。建成闻名全国的“绿色长城”博贺防护林带，造林更新保存面积接近4万公顷；《人民日报》曾在头版头条发表《学习电白，绿化祖国》的社论，在全国推广电白县造林绿化的事迹和经验，国内外派员前来电白参观学习取经络绎不绝。电白先后被评为全国绿化先进县、全国治沙先进县、全国卫生标兵城（水东）、全国优秀通讯报道组、全省“五好县”（生产好、水利好、绿化好、交通好、卫生好）等殊荣，成为全国一面红旗而享誉中外。

到1964年他调离电白为止，全县实现财政决算收入1822.19万元，比他刚来的1952年收入的202.51万元增长799.8%，年均递增20.09%！

时任广东省委书记的陶铸称颂王占鳌“为电白人民做出重大贡献”。还说等王占鳌去见“马克思”时，电白人民应给他“盖一座占鳌庙”！

1986年6月28日，电白人民心目中的好书记王占鳌在其山西老家病逝，享年82岁。中共电白县委、县政府曾派出相关领导赴其家乡为其处理后事并送去抚恤金、挽联、花圈深表哀悼。

电白人民一直以来都没有忘记王占鳌为全县人民所做的重大贡献。1999年，由中共电白县委、县人民政府主编的《人民心中的丰碑王占鳌》一书由广东人民出版社出版发行；在王占鳌战斗过并流下艰辛汗水的罗坑水库的大山上，还建有一座极具纪念意义的“占鳌亭”，让后人永远铭记王占鳌为电白人民立下的丰功伟绩。

原电白县委书记王占鳌在田间劳动

2009年春，由电白县纪委监察局建设的“电白县廉政文化教育馆”在县中小学教育基地落成，其中王占鳌铜像就屹立在该馆的正中央，供后人瞻仰和缅怀。

三　地方文化

历史悠久的电白，千百年来，在岭南三大民系文化客家文化、广府文化、潮汕文化的熏陶下，人民在衣食住行、婚丧嫁娶、节日庆典、礼仪规范、娱乐爱好、风土人情、宗教信仰、迷信禁忌等精神文化生活方面的日积月累，形成了内容广泛、丰富多彩的电白地方文化、民间民俗文化以及许多独特的非物质文化遗产，充分体现了电白人民的聪明才智，也给子孙后代留下了一笔宝贵的精神文化遗产。

1　客家文化

电白有山区、平原、沿海，其居民分布与所讲的语言也有独特的关系。电白流行的汉语方言主要有客家（匪话）方言、俚（黎或海）方言、粤语（白话）方言等三大系列。一般是讲客家话的客家人住在山区（人口大约有55万人）；讲俚（黎或海）方言的居民住在沿海一带（人口大约有80万人）；

讲粤语（白话）方言的多在平原地区（人口大约有65万）。其中讲客家话的主要分布在沙琅、望夫、黄岭、罗坑、那霍、观珠、马踏、岭门、林头、羊角等乡镇，这里重点介绍一下客家人特有的客家文化习俗。

过年习俗　客家腊八粥也叫“七宝五味粥”。食材包括红枣、莲子、核桃、栗子、杏仁、松仁、桂圆、榛子、葡萄干、白果、菱角、青丝、玫瑰、红豆、花生……人们往往在腊月初七的晚上就开始准备，然后在半夜时分开始煮，再用微火炖到第二天的清晨才算熬成。每逢腊八这一天，客家人都要做腊八粥来祭祀祖先；一定要在中午之前馈赠亲朋好友，然后才合家团聚在一起食用。腊八粥一定要吃剩，寓意“年年有余”。

农家灶间都设有“灶王爷”神位。传说他是玉皇大帝封的“九天东厨司命灶王府君”，负责管理各家的灶火，被作为一家的保护神而受到崇拜。腊月二十三俗称“小年晚”，也称“祭灶节”，家家户户备办茶酒、三牲、果品、糖饼在厨房中烧纸敬祭灶君，让他吃饱喝醉，祈求灶君上天后好事多说，恶事隐瞒。然后，人们会从里到外大搞清洁卫生。

腊月二十六，人们开始做粄。一般将米捣成粉，并配以菜、萝卜以及芝麻、花生等馅料做成粄。开始人们一般用黏米粉做，后来发现糯米粉黏性更强，便改用糯米粉了。自此开始年复一年，渐成风俗。粄的式样很多，有芥菜包、寿桃粄、糖心糍、糖板粄、灰水粽、艾粄、糯米糍、发粄等。各种粄用不同的原料，有不同的形状、吃法，同样会拥有各自不同的风味。这些由民间制作的特色美食既展示了自家的田产丰富，又可以用来馈赠亲友。

“年廿八，洗邋遢”。这一天家家要打扫卫生，清除一整年的灰尘，以期去掉坏运气，迎接新年。并要备办各种年货：食物、新衣饰、年画、春联等。尤其要买苹果、橘子、蒜、带叶甘蔗、带叶红萝卜等用作象征吉祥如意和迎送亲友的佳果。

除夕早上大人们要摘回柚叶，中午过后家家户户将柚叶放入锅内水中烧开，每人都要洗柚叶热水澡，其意是把“污秽”“霉运”等穷气、衰气统统洗掉，干干净净进入新的一年。洗过柚叶澡后便换上新衣、新帽、新袜、新鞋，这个仪式含有除旧迎新之意。

接着，家里的男丁就要开始贴春联、年画了。大门、后门、房门均要贴上大红春联，门楣贴“利市”，门板贴门神或“福”“大吉”等字。厨房、牛栏、猪圈、鸡栅、厕所等处也要贴上用红纸写有“财丁两旺”“六畜兴旺”等红纸“桃符”。

贴完春联后，人们就要携礼盒、三牲、爆竹、元宝香烛等祭品前往祖祠拜祭进香。行礼之后，放爆竹和大铳。

除夕日外出的家人都要赶回家中团聚，夜里要全家围炉吃团圆饭。若家里有人外出未归时，则要给外出的人留座位和碗筷，以示团圆。团圆饭菜中一定要有鱼，而且所有菜式的量都要大一些，因为要剩些留到下一年。

晚饭后，大人们给孩童、成年的子女给长辈分发“压岁钱”，寓意一年从头到尾，钱包都会满满实实、富富裕裕。那晚的水缸要储满水，米缸要填满米，灯火不能熄灭，以象征“岁岁有余”“年年红火”。年夜守岁之俗十分普遍，新年钟声敲响后，家家户户择时开门、烧香、鸣放鞭炮。

正月初一为新岁之首，家家户户要在厅中摆放苹果、橘子、蒜、带叶甘蔗、带叶红萝卜等，用来表示多福多寿、甜甜美美、平安幸福的意思。拜完家神后，晚辈向长辈敬茶祝福。这一天多数人家要吃素，最少也是早餐要不吃荤。早餐后大人携小孩到亲友家拜年，都要说恭喜发财、添福添丁等吉利话。在言语方面也有许多禁忌，凡是“破”“坏”“殁”“死”“光”“鬼”“杀”“病”“痛”“输”“穷”等不吉利的字眼都不能说出口。也忌婴儿啼哭，因为兆示疾病、凶祸。故这一天即使小孩惹了祸，也不能打或呵斥，以免发生啼哭。行为方面，杯、盘、碗、碟要格外小心，不能打坏。不慎打坏时，要说“落地开花，花开富贵”。这一天忌理发，忌杀生，连债主也不许上门讨债，借债的人也不可以让人掏空自己的口袋，因为这可能导致一年都没有一分钱压袋。忌死人，也忌办丧事，因为这将给家里带来不祥。饮食方面，这一天严禁吃药。否则，被认为会导致一年从头到尾疾病缠身，吃药不断。

正月初二，嫁出去的女儿们要带着丈夫、儿女回娘家拜年。女儿回娘家，需备办“一条担”（含两只大阉鸡，两箩粄或粽子），外加一大袋糖果饼干。粄或粽子、糖果饼干则由母亲分送邻里乡亲，这既表达了女儿对父母的思念，又可以让父母亲向外人炫耀女婿有本事。一家人要在娘家吃中午饭，然后在晚饭前赶回婆家。

正月初三为“送穷日”，家家户户一早起来打扫卫生、烧香、鸣鞭炮“送穷”。

正月初七为人日，人们必定会吃“七菜开”，即时令的七种蔬菜。另外，在吃饭的时候还会搭配些讨吉利的食品：吃枣（春来早），吃柿饼（事如意），吃豆腐（全家福），吃三鲜菜（三阳开泰），吃花生（长生不老），吃年糕（一年比一年高）。

正月十五为“元宵节”，吃汤圆，闹元宵，也有做“年例”的，颇为热闹。

正月最后一天为“正穷节”。人们会到野外采摘艾草、白麻叶，拿回家中洗净、晒干，搓成茸状，放进锅中煮熟，搓干水，伴以米粉、红糖搓匀，做成艾粑。因艾有去尘排积、镇灾驱邪的作用，所以吃了艾粑可使身体健康。

子习俗——坐月子 产妇“坐月子”是指生孩子的当月，每天必须煮生姜鸡蛋酒吃，以求活血清瘀，再穷的家庭也尽量让产妇吃鸡、鸽子、猪肉、蛋。客家人认为产妇“坐月”这个月有晦气，要在门窗上插上艾叶“驱邪”。男子不得进入其房间，女子若要进入也要携带艾叶，并且要赠红包给对方。

婴儿在三朝内要请算命先生定“命根”，然后家人要根据算命先生罗列出的清单，例如说金银财宝、衣服等，在十二朝时“还花债”——烧给“花公花婆”，以感谢上天赐予孩子，并且还清孩子前生欠下的债务，今生顺顺利利。孩子满月时，外婆要送来补丁被子，寓意穿百家衣、吃百家饭，长大后可以衣食无忧。生儿子第二年还要在宗庙处进行“担丁”。一般是要用色彩鲜艳的花纸和竹篾制作花灯，悬吊于宗庙之中作公告，并请亲朋好友前来“饮丁酒”。

“做七”哭夜习俗 电白客家人生与死都是备受尊荣的。

家中老人去世时，儿媳要边摔瓦煲边唱《煲药》哀歌。就连外嫁的女儿也要回来守灵，并在路口跪着哭唱《外女回家》叹歌，由大儿媳妇引路爬进来跪在死者灵前哭。当晚，女儿、儿媳一起悲哭，从《起病》《煲药》，叹哭到《买棺》《照棺》。

佛教认为，人死亡以后到转生完成之间有一个很短的缓冲期，称为“中阴”，时间很短，只有四十九天。必须在规定的时间内完成六道轮回，否则就会灭失。这四十九天中，除了极好的人可以立即升天，极坏的人立即下地狱外，绝大多数人要通过超度赎罪，才能投个好胎。

做七，又称“斋七”，是旧时汉族的丧葬习俗，从死者去世之日算起，每七天为一个祭日，分别为“头七”“二七”“三七”“四七”“五七”“六七”“断七”（亦称“尾七”）。一般习俗以一、三、五、七这几个单七祭为重，二、四、六等“双七”，亲友不来。孝子只烧纸钱、不哭灵，称为“空七”。

一般认为，死者的魂魄会于“头七”返回家中，家人应该于魂魄回来前，为死者准备一顿饭，之后最好回避，最好的方法就是睡觉，睡不着也要躲到被窝里。如果死者魂魄回来看见家人，会令他牵挂，影响他投胎为人。也有人说，人死后魂魄会在“头七”到处飘荡，当天家人应在家中烧一个梯子状的东西，作为“天梯”，让魂魄顺着天梯到达天上。一般人家也比较青睐在“头七”做法事超度亡灵，这样亲人能早登极乐。

“五七”的前一夜，很多地方都流行搭“望乡台”。传说，死者只有在那天才知道自己已经死了，就会在阴间里登上“望乡台”眺望阳间的家人亲友。在这一天的五更时分，子女们就打开大门向西连续大喊三声：“××回来吧！”然后在灵前痛哭，同时端上事先准备好的酒菜，叫作“五更夜饭”，这个仪式就是“喊五更”。天亮之后，就给人们观赏事先扎好的设施齐全的住宅，现代社会类似祭品花样也很繁多，各种家电一应俱全，这个就看个人喜好了。观赏之后，就地用火烧尽，据说这样可以让死者在阴间有房住，叫作“化库”。

“尾七”之后就出了孝期了，一般都很看重，亲朋好友都会参加“断七”礼仪活动。“断七”这天一般会请道士和尚来做法事，保太平。人们认为这是为活人祈祷，念经拜过之后子女们就要脱下丧服，换上新的日常衣服。

2 疍家文化

电白地处粤西沿海，过去有一批世代生活在渔船上的渔民，这就是电白疍家人。封闭和独立的水上生活，使疍家人形成了极具特色的生活风俗、歌调语言、衣着服饰和宗教信仰。他们是生活在社会最底层的民众，被官府和岸上人视为贱民；上岸时不准穿鞋，不准穿白衣，甚至是死后也不得上岸埋葬。疍家人自嘲是“出海三分命，上岸低头行”。这些往昔的谚语和习俗，深深体现了旧时疍家人所遭受的歧视和压迫。他们砍木削板造船，用石头和木、铁等原料制作铁锚，割藤取麻织网。并根据各种鱼虾海产的特性，编织专门的捕捞渔网纲笼子，例如，流刺网、抛网、拉地网、围网、马鲛网、白鱼罟网、鲨鱼网、箭鱼网、麻鱼网、鱼笼、螃蟹笼等。名目数量之繁多，足以令人眼花缭乱。日常生活中还以椰壳为碗、螺壳为勺、瓜壳为瓢，可见他们都是心灵手巧之人。

从前疍家人以捕鱼、海上运输为生，没有固定的陆地居住点。他们所讲的疍家话口音也略为温软，自成一格，又被称为水上话或船上话。他们旧时服饰以唐装为主，以蓝、黑两色为基调。男女都穿着短、宽、窄袖的上衫，裤子宽短长度刚及于膝之上，光脚跣足不穿鞋，以便船上劳作，女子还会在腰间系花边围裙。疍家女人四季皆喜顶戴上高下宽的筒式竹编斗笠，涂以金光油亮的海棠油作为斗笠的保护层，使其不进雨水，避晒防雨两相宜。爱美的疍家女子，还给斗笠配上彩色胶丝及贝壳珠粒编就的笠带，更添容颜秀美。在日常生活中，他们会节衣缩食，购买金银饰品佩戴在身上，其主要作用是预防海难发生后，让发现尸体的人可以用这些金银作为殓葬费，以免渔民死后葬身鱼腹或者是曝尸海滩，无人理睬。疍家女子在节日喜庆盛装时腰上还会系上精美异常的银腰带，以表隆重。如今年轻一代疍家人可以在陆地定居，不用终生在船上过着漂泊的生活，着装也以时装为主。

对擅长驭海而行的疍家人来说，人人从小熟识水性，而且长期划船、撒网，所以身强体健。端午节的赛龙舟，是他们最隆重的节庆之一。成年的男子会组队进行龙舟赛，获胜并且未婚的男子可以借这个机会获得未婚女子的青睐，得以娶妻生子。在比赛过程中，只见船橹翻飞，碧浪飞涌，数条白色浪箭向终点飞也似的冲去，把疍家人常年于风口浪尖征服大海的豪情本色发挥得淋漓尽致。

疍家人世代行船谋生，对赐予其衣食的大海充满敬畏。农历初一、十五、出海前都要点燃香烛，祈求观音等海上神灵保佑自己来去平安、兴旺发财。他们笃信祖先的英灵会保佑子孙的平安，所以每逢在海上遇到突如其来的飓风骇浪，便会向海里抛撒纸钱祈求祖宗的保佑。

疍家人生活习俗很特别，禁忌非常多。比如说见人溺水则袖手旁观，因怕被水鬼寻去做了替身；吃鱼时忌翻面，汤匙搁在桌面亦不可让匙背朝上，是唯恐触意头导致覆舟；不许在船头大小便、乘坐，不许妇女跨越船头；如家有客至，女眷不能上桌吃饭；行船时脚不可放入海中等忌讳。

疍家人的传统婚礼，更是独具特色和隆重异常。过去，疍民通婚并不避近亲，家中子女成年后经过媒人介绍相亲后成婚，又或者是在日常生产劳动中互相了解，通过唱渔歌而定情。男方父母要托媒人给女方送去金戒指、银链子、银耳环、银手镯订婚，结婚时还要送去花布，色彩越鲜艳越好。如果女方同意成亲，就会将这花布绣成围裙，穿在身上，以示“从夫”。因为常年栖身水上漂泊不定，又要随夫出海谋生，女子一旦出嫁，便经常要远离父母、骨肉分离，数月甚至是经年才可见面。所以在疍家的婚礼上有哭嫁的习俗。新娘在出嫁前要剃脸上头，连续十晚在自家船里唱哭嫁歌，其形式有母女对哭、同胞姐妹对哭等，泣拜父母生养之恩，表达不舍离家之情。做伴陪嫁的亲友姐妹也要跟着唱伴哭歌，规劝新娘嫁后随夫要秉从妇德孝敬公婆。

疍家婚礼的章程和规矩很多。结婚这天，出嫁前夕和拜堂当日还要在新娘和新郎家分别举行只能由女客或是男宾单独参加的“拜饭”活动。新娘出嫁当日，男方划着花艇前来迎亲。新娘蒙面盖头拜辞祖宗神祇和家长，边哭边唱《叹家姐》，由女方选取命运较好（父母、家翁家婆、丈夫、子女齐全）的喜娘，将头上盖了红布的新娘背到男方艇上，其间由女伴张伞遮挡不得见光，在众人簇拥下登上迎亲艇，前往夫家。花艇回到男家棚户，新娘依旧由人撑伞背入，再与新郎拜堂成亲。全村渔民会把船停靠在岸边，并在岸上支起一口大锅，新郎新娘拜完海神和长辈后，宴席开始。有人在岸边欢聚，有人在船上畅饮。最为奇特的是出嫁的渔女不可在新婚之夜与丈夫同房，应该趁新郎在各位亲朋好友前来敬酒喝醉酒时，偷偷逃回自己家里，以示自己的清白和对父母的眷恋。婚礼的第二天，新郎再一次过来接新娘，以表示对新娘不离不弃的爱。如今，随着疍家人离海登岸，生活习俗已经渐渐改变，传统的婚礼方式被逐渐简化，与岸上人的婚礼流程差别不大了。

由于旧日水上生活漂泊，又被禁止读书识字，文字记载存留不便，所以疍家人形成了用歌唱来记录自己族群的变迁历史、生活习俗以及喜怒哀乐的爱好。这种渔水歌的吟唱方式，为疍家人所喜闻乐见，口口相传、代代延续。渔歌具有歌词简洁生动、情感真挚的特点，感染力极强。

疍家文化实际就是疍家人日常作息生产的一种延伸和折

射，是疍家人在特殊的生活环境中形成的一种职业文化。往昔特定的生活场景和条件，是它们生成和存在的必要载体。

3 冼太文化

冼太文化即冼夫人文化（又称俚人文化）是中华文化的重要组成部分。

电白最早曾是南越族即俚人的天下。秦统一中国后，在岭南设郡，并实行“移民实边”政策，有计划地将中原人移居岭南，进一步密切了境内南越族与中原汉族的联系，南越族人部分融于汉族，出现了境内第一次民族融合。东汉初年，对大部分仍保持原来的生产方式、语言和风俗习惯的越人及其后裔，史籍不再称“越”，而称“俚”。魏晋南北朝时期，中原战乱，汉人大量南迁，北燕王后裔冯融家族迁居新会后，部分南迁高凉。南朝刘宋时期，境内俚人十多倍于汉人。梁大同年间（535～537），出身于世为南越首领的冼氏家族的俚人杰出领袖冼夫人与汉人高凉太守冯宝结婚，促进了俚族与汉族的融合。至唐代，俚族的大部分已融合于汉族，其余部分陆续与别的民族结合，形成新的民族，俚族消失。宋代，今茂名信宜、化州与广西相连的一带山区居住着新形成的瑶族和壮族。元、明、清时期，境内瑶族和壮族更直接更普遍吸收汉族文化和生产技术，至清乾隆年间，已全融合于汉族，编入当地居民户籍，土著少数民族消失。

因此，作为冼夫人故里的电白，冼太文化一直影响至今。

冼太文化的精髓包括“爱国统一、爱护人民、民族团结、改造社会”等四个方面精神。

爱国统一和民族团结精神。作为女性，冼夫人独树一帜，率领千军万马打击分裂割据势力，为维护国家统一、加强民族团结奋斗终生。她营造了两广和海南的安定局面，用先进文化改造这片有史以来被称为“蛮荒”之地，提高了生产力，改善了当时的人民生活状况。可以说冼太夫人的一生始终维护国家统一和民族团结，反对地方割据和分裂活动，她历经梁、陈、隋三朝，为国家的统一和岭南的安定，做出了卓越的贡献，所建立的历史功绩在世界上的女性中都是极为罕见的。她目光远大，胸襟宽广，勇对逆境，无论自己势力多么强大，也绝不自封“南越王”，也绝不会因一己的权力欲望而牺牲人民的福祉。她流传至今、老幼皆知的名言是：“我为忠贞，经今两代，不能惜汝，辄负国家。”“我事三代主，唯用一好心。”因此，周恩来总理誉之为“中国巾帼英雄第一人”，江泽民总书记盛赞她为“我辈及后人永远学习的楷模”。

爱护人民和改造社会精神。冼夫人一生爱护人民，致力于融合俚汉文化，维护睦邻友好团结，具有特殊的悲悯性格。她一生没有以大欺小，总是提倡助人利他，睦邻友好，以德服人，以爱感召，尽力去锄强扶弱。所以对手向她归顺不是因为惧怕她而是敬爱她。她还要求人民重视亲戚关系，借着各村错开做“年例”的机会，鼓励民众互相走访，联系感情，形成了粤西独特的“年例文化”。即使是日出而作、日落而息，与功名利禄不沾边的农家，也能因温饱而觉得满足。同时，冼夫人大力宣传汉族的文明与进步，致力引进中原先进文化，积极传播汉族的先进生产经验，改革俚人落后的社会习俗，教育百越各部落“尽力农事”，提倡男耕女织。“以礼仪威信镇于俗，汲引文华，士相与为诗歌，蛮中化之。”“蕉荔之圩，弦诵日闻。”使岭南地区“自隋之后，渐袭华风，休明之化，沦洽于兹，椎跣变为冠裳，侏离化为弦诵，才贤辈出，科甲蝉联，彬彬然埒于中土”。并经过数十年的开发，岭南地区的农业、手工业，如纺织、铸铜、制陶瓷、造船等都有很大的发展。

冼太夫人无私的慈爱使她死后一直获得老百姓的膜拜。一千多年来，粤西甚至海南都建了无数的冼太庙，那一尊尊岭南圣母神像，是爱的象征，抚慰着信徒的心灵，也给大家树立了助人利他的典范。所以，珍惜平安、热爱生活、知足常乐，是冼太夫人留给后代的又一文化瑰宝。

4 龙舟文化

电白是广东省海洋大县、全国渔业大县。全县海岸线长220公里，约占全省海岸线长度的1/20，大小岛屿7个。电白还有沙琅江等多条河流，且海域广阔，港湾众多，海洋资源丰富，由此而兴起的龙舟文化源远流长。

龙舟竞渡渊源于古越族龙图腾崇拜的祭祀活动，起源只是祭祀水神保佑风调雨顺，祈求平安和丰收。也因为五月初过后，沿海马上就要迎来台风水灾之季，加上后来作为纪念爱国诗人屈原和端午节的标志性习俗。所以，老祖宗选在端午前后划龙舟是有一定缘由的。

作为农耕社会的赛龙舟活动和龙舟文化，寄托着人们对美好生活的企望，成为一种团结协作、勇往直前、拼搏向上的力量，成为一个推动社会和谐、促进睦邻友好的平台，成为一个继承传统、弘扬文化的象征，深受人民喜爱。

据记载，龙船在西周穆王时就已出现。电白的龙舟活动源远流长，明朝编纂的《电白县志》中就有“岁首戏千秋，端午竞龙舟”的记载。1990 年，县博物馆在沙琅江中发掘出了两条独木舟，其中一条长 7.28 米、宽 0.94 米，中部深 0.7 米，经广东省文物部门鉴定为隋末唐初时期的龙舟，证明电白龙舟竞渡历史逾千年。这两条古龙舟现存电白博物馆，是“镇馆之宝”。

关于赛龙舟，在电白民间还有一个动人的传说。

相传，很久很久以前，电白海边住着一个名叫六斤的渔民，他有一位指腹为婚的妻子名叫阿银。两人相亲相爱，日子过得甜甜蜜蜜。有一天，温柔贤惠的阿银在海岸边一边修补渔网，一边等待出海捕鱼的丈夫回家。突然间，天空中狂风大作，将阿银头上戴着的宽边渔帽吹飞。明眸皓齿、蓁首蛾眉的阿银马上迷住了在海中无聊游荡的乌龙。于是，歹毒的乌龙掀起滔天巨浪，直扑上岸，把阿银拖进海底。六斤返航后不见妻子的身影，只见家门前留下一张尚未补好的渔网。这时，邻居把不幸的消息告知了六斤。六斤听后悲痛万分，立即毫不犹豫地潜入海里寻找。只见乌龙把阿银囚困在海底的一个深洞里，正在用金银珠宝诱惑她以身相许，但阿银宁死也不答应。阿银的忠贞使六斤下决心设法救出妻子，他上岸后请求众渔民相助，每个人拿着火把，带上铜盆、鱼叉划船来到乌龙囚禁妻子的海域。众人大声地呼叫、用鱼叉敲打铜盆，又使劲地划水，把平静的海面搅起千层波浪。三天三夜后，乌龙只好乖乖地把阿银送出水面，并承诺今后海域风调雨顺、渔获满仓。从那时起，沿海渔民便会在端午节划龙舟，提醒乌龙要记住自己当年的承诺。

新中国成立后，电白在每年的端午节前后，都会由人民政府或民间组织盛大的龙舟竞赛活动，参赛的龙舟超过 50 条。1995 年、1996 年，电白男子龙舟队连续两年以“中国电白”名义参加香港国际龙舟邀请赛，两次勇夺“银碟杯”冠军，500 米赛道最好成绩是 2 分 53 秒，扬威香江。自 1999 年起，电白龙舟竞渡除保留男队外还增加了几支女队参赛，成为当地文体生活中的一大盛事。

2004 年 11 月 19 日，电白县被广东省体育局命名为“广东省龙舟之乡”。

龙舟竞渡

5　曲艺文化

电白古为百越人聚居区，隋唐时为俚、瑶、壮、僮、汉等族人杂处。据史料记载，迁入电白的汉族人有资料可考的时间是宋徽宗年间到明末。比较多的是从福建莆田、晋江、福州、汀州等地和广东的东部、北部地区的大量徙入。明朝时作为驻军的浙江人及其后裔也不少。长期以来，由于民族交替、杂居、同化，外来人口异源多流，电白的方言显得异常复杂。一般地说，电白一带习惯使用的语言，主要有闽方言（含雷话、海话、东话、福佬话、潮州话等），统称为海语系；客家方言（俗称偃话，因“我”曰“偃”而得名），统称为客语系；粤方言（含白话、麻兰话、阳江话、四邑话等），统称为越（通粤）语系。这三种方言现在习惯上统称为海语系、客语系、越语系等三大语系。此外还有北方方言（主要为旧时正话、山瑶话）等。因电白人的语言文化复杂，且向来深受粤曲艺术的影响，同时又孕育了独具地方特色的民间曲艺文化。现有粤曲、民歌、蚝歌、哭丧歌、哭嫁歌、客家山歌、黎话歌、海话歌等多种以粤剧为基础的特色曲种和民歌民调，还引申有时令歌、儿歌、训儿歌、光棍歌、采茶歌、点兵歌、数字歌，等，具有深厚的群众基础。20 世纪 60 年代郭沫若赞美广东民间文化活动“千顷良田千顷蔗，万家灯火万家弦”的诗句，也是电白民间文化活动的真实写照。

相信大家对粤曲都听得和见得比较多，这里就不多做介绍了。

现就电白较为独特的俚（雷）话（黎话、海话）歌谣、越语（白话、粤语）歌谣和客家（偃话）歌谣辑录如下，供读者欣赏。

电白作为俚人之乡，其首领就是声名显赫的冼太夫人。其语系与海话、黎话同属海语系。千百年来，海语系留下许多脍炙人口的歌谣。

大榜蚝歌

拾着女儿莫嫁大榜浏，
无柴烧烧黎荚，
无米煮砸蚝头，
拿着蚝刀目汁流，
脚又冷来手对抖，
牙又咬着个浆豆，
十条眼泪无条干，
流过数十个春秋。

光棍歌

光棍仔唱光棍歌，蟛蜞驮鸭过田塍。
老鼠驮猫过屋脊，蛤仔跳跳来吞蛇。
放火烧坡捉黄鳝，竹尾装笼捉水蛇。
（注：即说做光棍之人不说老实话）

儿歌

月公光光照地堂，细仔地跎村过村。

有心做娘留门等，无心做娘早关门。

前娘打子使麻骨，后娘打子使铁锤。

前娘宰鸡留个腿，后娘宰鸡留条肠。

（注：这意思是说生母心地好，后娘心狠毒）

时令歌

正月正,新郎家;(旧时村民过新年才闲,故请新郎过门)

二月二,买头牛子来穿鼻;(农人认为这天穿牛鼻才吉利)

三月三，炒虎神（苍蝇）蚊子脚；（旧风俗认为炒过蚊蝇及其脚年内就再也没有蚊蝇了）

四月四，探亚置；（即阿姊）

五月五，龙船子上海舞；（五月五日是端午龙舟节）

六月六,开芋眼;(按季节一般要过六月初六才可挖芋头)

七月七，揶尼（姑稔）甜龙眼结；（果熟季节）

八月八，南方豆好捡锲；（荚）

九月九，先生不走学生走；（学堂放假）

十月十，新米饭胀到目；（晚造收割饭后撑坏人）

十一月十一，夹禾草盖屋脊；（旧时穷人住宅，用稻草茅草盖屋顶）

十二月十二，养个鸡仔来过年。（过年杀鸡）

十送情郎（情歌）

送哥送到大门口，千叮万嘱泪双流；

哥去谋生过广府，无人为妹解忧愁。

送哥送到杏花村，哥你千祈要回归；
记得高堂共妻子，哥呀莫入伊人门。
送哥过了门头沟，花街柳巷莫恋留；
野花虽艳多有毒，怕哥入迷无回头。
送哥送到东排坡，心中苦切无奈何；
妹仔孤单枕被冷，夜夜织布梭对梭。
送哥送到龙湾河，鸳鸯成对戏清波；
鲤鱼双双来打水，还有一对水流鹅。
送哥过水落渡船，眼汁潜重断肝魂；
顺风莫把帆使尽，要看天气要看云。
送哥送到大路街，记得家中有葩花；
野花闲花哥莫采，等哥回屋把头梳。
送哥送到九连塘，莫忘囡团记得侬；
莲根莲叶莲花蒂，莲心莲子连心中。
送哥送到九曲盘，莫贪富贵莫做官；
自古路途曲弯弯，须缓举步慢慢跨。
送哥送到落花山，盼夫回屋囡团大；
秋水望穿肠望断，莫使妹化望夫山。

（注：歌谣里边门头沟以下地名均为电白现地名）

电白越语（白话、粤语）系也有很多朗朗上口的歌谣。

采茶歌

正月采茶庆新年，妹牵哥手入茶园；

春茶树下共妹好，哥情妹爱似蜜甜。
二月采茶茶发芽，妹牵哥手去采茶；
哥向东采妹西采，采完双双齐回家。
三月采茶茶叶新，妹牵哥手绣手巾；
两头绣出龙和凤，中间绣出采茶人。
四月采茶茶叶长，妹牵哥手入闺房；
双手打开绫罗帐，同枕共眠风流床。
五月采茶茶叶黄，声声嘱咐英俊郎；
上山采茶来探妹，有心莫怕路途长。
六月采茶热难当，共尝情果心里凉；
六月采茶插田忙，树下咬耳又天光。
七月采茶茶上市，牛郎织女笑嘻嘻；
七月渐渐秋风起，正是我郎风流时。
八月采茶茶花开，哥似蜂蝶戏妆台；
八月十五中秋节，月里嫦娥下凡来。
九月采茶过重阳，重阳佳节菊花香；
哥饮八杯妹七盏，杯杯盏盏贺重阳。
十月采茶过大江，脚踏船头细思量；
拜别亲人辞别妹，阿哥阿妹转家乡。
十一月采茶下粤西，风风雨雨雾迷迷；
哥在路途多受苦，妹在家中好惨凄。
十二月采茶好过年，手执雨伞收茶钱；
哥收到钱快快返，莫到明春又一年。

劝弟歌

一唱劝弟要顾家，莫拿钱财去乱花；
乱花一文苦四月，勤俭节约可发家。
二唱劝弟弟要明，年头欠债年尾清；
莫像雨天挑稻草，越挑越重家难兴。
三唱劝弟要和平，对待邻舍要热情；
不论贫富都是友，相处像扭一股绳。
四唱劝弟要勤恳，不要早睡晏起身；
早起三朝胜两日，做起工来要认真。
五唱劝弟要谨慎，切莫放任将酒饮；
喝多酒时会误事，醉起酒来得罪人。
六唱劝弟要思量，切勿有负爹和娘；
莫与人妻乱胡混，行为缺德必招殃。
七唱劝弟选好妻，品行应摆第一位；
切莫只顾贪貌美，成家定要选好妻。
八唱劝弟性要好，对人对事莫暴躁；
暴躁容易做错事，日久伤肺会成痨。
九唱劝弟要自理，如今世界大不同；
勤耕力作丰衣食，倚人檐下似条虫。
十唱劝弟要聪明，为国为民为家庭；
国强民富家才富，日后便知姐话灵。

训儿歌

说几句，训儿童，父母望你早成龙；

在乡里，在族中，言谨语慎要谦恭。
莫学癫狗和狂蜂，乱车大炮充英雄；
妄为将惹祸重重，被拉方知法难容。
那时方悔已无用，宜将教诲记心中；
应奋你志向前冲，不拘为工贾士农。
要忌懒惰图始终，莫负父母教诲功！

电白客家话（偓话）歌谣则更为有趣。

哭丧歌

娘啊，偓的亲娘啊！
一朝不见阴阳相隔，
偓哭断肠难报娘恩，
娘抚女儿吃了多少苦，
偓做女儿滴滴记在心。
娘为偓夏天打扇赶蚊虫，
娘为偓冬天洗衣盖被铺；
吃饭娘替偓亲口尝冷热，
偓衣破娘连夜缝到天明。
娘啊，您狠心丢下偓走了，
抛下偓孤苦伶仃好可怜啊！
从此女儿再也没了娘亲。
偓白天想您到天黑，
偓夜里想您到天明。

娘啊，俚的亲娘啊！

俚哭断肝肠再也报不了娘恩。

但愿来世再做您女儿，

必将加倍孝敬俚娘亲！

哭嫁歌

唉呀呀，俚的娘呀！

麻竹发叶片片青，

娘不吭气俚开声。

哪家姑娘离得母？

为啥叫俚离家门？

长年累月您辛苦，

熬更守夜费尽心。

养育之恩还未报，

空抚女儿到如今！

唉呀呀，俚的爹娘呀！

太阳出来晒厅堂，

女儿嫁郎正出房；

一步一挪朝外走，

每挪一步痛断肠。

扭转身子回头望，

只见双亲泪汪汪；

心想不到婆家去，

唯恐别人论短长。

客家山歌

日日打柴上青山，
青山年老不改颜。
侄问青山何日老？
青山话侄几时闲！

客家情歌

六月插田热难当，
共尝情果心里凉。
哥挑秧来妹插田，
树下咬耳又天光。
八月秋风天气凉，
妹与阿哥细商量。
阿哥不如速回去，
备齐礼品迎新娘。

客家点兵歌

正月点兵去领工，衫无一件鞋无一双；
二月点兵着下秧，谷芽米饭泡清汤；
三月点兵着插田，雨水纷纷淋得好可怜；
四月点兵番薯汤，食完一场又一场；
五月点兵灰水粽，食完一双无糖餸；
六月点兵着割禾，水推谷来转骂个老板婆；
七月点兵鸭麻丸，猪肉两斤鸭两盘；

八月点兵月团圆，盼与家人早团圆；
九月点兵芥菜包，食完一篓又一篓；
十月点兵着割禾，水推禾秆埋怨个老板婆；
十一月点兵犁霜冻，犁到脚头黄又肿；
十二月点兵松又松，没过多久就散工。

数字歌

一妹不比二妹娇，三寸金莲四寸腰；
买得五六七钱粉，扮成八九十分娇。
十九月夜八分光，七宫仙女渡六郎；
五更四处敲三鼓，二人同睡一张床。

电白这些独特有趣的语系歌谣，不但丰富了电白的曲艺文化，而且给广大群众送来了丰盛的精神食粮。如今，在电白的街头巷尾，曲艺文化可谓无所不在、无时不有。富裕起来的人们尤其是曲艺爱好者三五成群、其乐融融地围坐在一起玩曲艺。有不少曲艺爱好者组成曲艺社，比如电白县曲艺社、韶声曲艺社等因为社员多而自己编写剧本、组织排练，拉场子在湛江、茂名、电白各个基层乡镇进行免费公演，以继承曲艺传统。还有就是在年节、年例或红白喜事期间，上门或应邀到各家各户去演唱，深受老百姓欢迎！

与此同时，为促进曲艺创新，打造曲艺精品，繁荣地方曲艺文化，曲艺界的老师傅还致力于培养徒弟，积极参加近年来广东省开展的群众性曲艺展演竞赛和异地交流联谊等活动，使本地曲艺人才培养初见成果。

国家文化部每三年举办一届群星奖，是全国社会文化艺术设立的政府最高奖。2001 年，由电白选送的小粤剧《扶贫媳妇》获得第十一届“群星奖”金奖，并于2002 年抽调上京展演。2006 年，电白水东镇被评为“广东省民间艺术（曲艺）之乡”，显示了电白曲艺文化具有浓厚的群众基础。

6 饮食文化

电白人的饮食文化丰富多彩。这里有山味、海味等特产。俗语道：“食海鲜，来电白。”这里的龙虾、鲍鱼等名贵海产堪称电白一绝。电白人在饮食文化上追求一种返璞归真的感觉，风味可以用清、鲜、香、嫩四字概括，清灼、水煮是常用的烹调方式，少放调料务求带出食材最原始的风味，与传统粤菜以及潮州菜、客家菜等广东菜系相比，可谓自成体系，独具浓郁的地方风味。

电白人讲究“餐餐有鱼”“无鱼不欢”。天然丰富的海产自然成为当地最著名的美食，一日三餐的饮食中，都离不开海产，所以“年年有余”在电白则变成“餐餐有鱼”。

电白人的美食离不开“水东白斩鸡”。其历史可追溯到600 多年前明代水东圩初建之时。此后，“水东白斩鸡”与“水东海鲜”齐名。及至清代以后，“水东白斩鸡”逐渐进入千家万户的菜谱，成为逢年过节、喜庆筵席、朋友聚会、街边食档不可或缺的首选菜肴，到了“无鸡不成宴”的地步。

“水东白斩鸡”有许多故事。据说民国时，曾任国民党广东省政府主席的陈济棠，民国初年驻军水东，他和日后成为他妻室的莫五姑之婚恋，就是以“水东白斩鸡”为媒的。在水东一家鸡饭档相识、相恋、订婚，后其婚宴也特请这家鸡饭档师傅主厨，宴席上以水东白斩鸡为主菜，还有炒鸡、焖鸡、炖鸡、炸仔鸡等，人称“百鸡宴”。

国民政府“代总统”李宗仁与“水东白斩鸡”也有一段缘分。民国初年，李宗仁当连长，驻扎在水东。他对水东白斩鸡情有独钟，几乎每晚都要去白斩鸡档吃夜宵。1965 年，经过半个世纪风风雨雨之后，他从海外重返祖国怀抱，特地到水东旧地重游，并特意专点“水东白斩鸡”这道菜。席间，他一连品尝了好几块白斩鸡，连声赞“好”！

其实，舌尖上的电白美食多得不计其数。著名的有鱼炸、蚝炸、鱼丸、对虾、龙虾、海参、鲍鱼、鲳鱼、墨鱼饼、鱿鱼饼、炸仔鸡、八宝饭、鱼翅汤、王八汤、清蒸海鲜、清煮花蟹、盐焗土鸡、盐焗膏蟹、红心鸭蛋、牛杂猪杂、小耳烧猪、五香扣肉、白切狗肉、水东芥菜、水东鸭粥、“海马”珧柱粥等特色品牌美食远近闻名，吸引了无数的食客前来品尝。

电白人“嗜食茶”，历史久远，绵绵不断，延续至今形成了饮茶文化。说起饮茶，电白人尤喜饮苦一点的茶。如竹节茶、苦丁茶、凉茶等。苦丁茶，名实相符，名字是苦的，味道便也是苦的。电白人喜欢喝苦丁茶，是从喜欢它的名字开始的。苦丁茶除有茶类饮品普遍有的清苦之外，别有一种独特的苦味，那种苦经由舌根，直指人心；人内心的伤痛之苦仿佛在那一瞬间被融掉，取而代之的是一种带有痛感的快乐和安慰。

这的确有别于那些弥漫着市井气息的、世俗的、温暖的各种味道的茶。苦丁茶的叶片较普通茶叶大，椭圆形，叶片厚，墨绿色。制作成型的苦丁形状各异，有珠形、条形、针形、卵形、麻花形、自然形等。苦丁茶有个特点，用量极少，又易还原，一杯开水只需放一两叶，很快便见丝状黄汁，叶色由黑还原为绿色，茶水先苦后甘，饮之精神倍爽。吃油腻之物后，饮之更佳。据考证，明清时，苦丁茶的产地遍及两广。经传播，渐为许多地方特别是北方人所喜爱。现在，苦丁茶的产地集中在两广和海南岛，在广东则以电白等地尤为出名。除在广东有很大市场外，苦丁茶在港澳台地区和东南亚也颇受青睐。新加坡和马来西亚更将苦丁茶称为“茶王”，台湾地区则称“一叶青”，日本叫“多罗树”。而今，电白各品茶饮茶协会、茶市及家庭饮用的茶叶，则五花八门，形式多样。

下面向读者介绍几种电白美食。

水东芥菜

水东芥菜是远近闻名的蔬菜，其茎多叶少、爽脆可口、质嫩无渣、鲜甜味美，有很高的营养价值。味辛性温，具有利尿止泻、祛风散血、消肿止痛的作用。对治疗小便不利、腹泻、痢疾、咯血、牙龈肿痛、喉痛声哑、痔疮肿痛、膝疮瘙痒、跌打损伤、关节疼痛等病症有辅助作用。水东芥菜所含维生素 C 是大白菜的两倍多，含钙量是蔬菜中最高的——每 100 克含钙 1134 毫克，是餐桌上人们最为喜爱的蔬菜之一。其产品远销省内外和港澳台地区，还远销新加坡和加拿大等国家。2007 年 12 月，水东芥菜成功通过国家地理标志产品认证保护。其保护范围为水东、林头、观珠、旦场、麻岗、树仔、电城、岭门、马踏等9个镇现辖行政区域。由于其品质受到种植区域的局限，即在电白县境内特别是水东彭村周边地区种植面积最大，品质明显优于其他地区。因此，正宗的“水东芥菜”也称为“彭村芥菜”。因为彭村临近水东湾，有海的水、汽、雾环绕，且其芥菜多在旱地和沙质土种植，又多以井水、有机肥浇施，故最为优质有名，因而有“水东芥菜甲天下，彭村芥菜甲水东”之称。水东芥菜生长周期为30～50天，一年可种植6～7造，年每亩产值达24000～30000元。全县种植面积1500公顷以上，成为当地农民增收的一个新亮点。其中，水东芥菜的“鸡心芥菜”“灯笼芥菜”等成为著名品牌芥菜。

电白红心鸭蛋

电白红心鸭蛋是当地鸭农在浅海滩涂上用祖传经验优育的麻鸭，长年吃入小鱼、小虾、藻类等动植物后所生的鸭蛋。蛋体肥硕，色红圆大，质地黏韧，富有弹性，煮熟后，香酥爽口，蛋黄香味浓郁，蛋白韧滑可口。蛋中含有丰富的蛋白质、16种氨基酸和钙、锌等多种微量元素，营养十分丰富，色、香、味俱佳，因蛋黄为纯红色，故称“红心鸭蛋”。红心鸭蛋历史悠久，早在明万历年间便是朝廷贡品，盛名远播，有“中国第一蛋”之称。经专家鉴定，蛋中含有人体所需的蛋白质、钙、硒、锌、卵磷脂、食用绿色素等营养成分，具有相当高的健身价值，有“去瘀生新、开胃健脾、清润心肺、壮阳益气”之功效，为孕妇分娩的必备之品，是当今世界馈赠亲友的上佳绿色食品，畅销海内外。红心鸭蛋的主要生产基地在旦场至水东一带沿海镇，年产量在万吨以上，产值逾亿元。其中“正红牌”红心鸭蛋还荣获中国第三届农业博览会优质产品奖、中国国际农业博览会名牌产品和广东省名牌产品称号。

电白小耳花猪

电白小耳花猪种群大，具有“矮、短、肥、宽、圆”等体貌特征，还有母性温顺，繁殖力强，抗病力强，产仔多、哺乳性能好、适应性强、耐粗饲、早熟、易肥等优良特性，其皮薄肉嫩，肉质鲜美，种源纯，遗传性能稳定，是经济杂交的理想母本。小公猪是烧烤乳猪的上乘材料。用该公猪仔烤制出的烤乳猪叫“电白烤乳猪”，是电白的一道特色名菜，在各大餐饮场所颇受欢迎，成为消费者必点的菜肴。它有着区别于传统烤乳猪的不同特点，个头比一般烤乳猪要小很多，一般每只在2.5公斤左右，色泽红润、皮滑如镜、皮脆肉嫩、香而不腻，而且它的瘦肉特别多，几乎看不到肥肉，深受客户欢迎，每年销往广州、深圳、湛江、阳江及港澳市场的有12万多头。近年来，电白小耳花猪发展迅速，初步形成以观珠、沙琅镇为中心的小耳花猪生产基地，年产小耳花猪100万头，产值上亿元，并逐步发展成为新的经济增长点和山区农村的支柱产业，成为当地农民的“摇钱树”。2009年12月，中央电视台军事农业频道《每日农经》曾播出专题报道《电白卖小不卖大的小耳花猪》，引起市场和消费者的关注。

电白白切狗肉

电白白切狗肉是因为电白人吃狗肉喜欢白切，而且一年四季照吃无忌。其制法是：挑选嫩狗，宰杀后去净毛及内脏，整个放入大锅中煮熟捞起，根据需要多少而斩食。食白切狗肉以蒜茸、辣椒酱作配味。在水东、麻岗、望夫、沙琅、那霍等镇的街头巷尾，每当夜幕降临之际，摊档上，一只只香喷喷的熟狗，悬挂于案上，吸引三五成群的食客前来品尝。他们围蹲于小圆桌旁，要来一碟白切狗，加上几两土泡米酒，细斟慢酌，谈天说地，此情此景令不少外来人感到惊讶。狗肉白切而食，看似原始，但保持原有风味，很有特色。因此，受到越来越多人的喜爱，许多外地人来到电白，也乐于尝试一下其独特风味，其名不胫而走。

电白清煮花蟹

电白清煮花蟹、电白清煮花蟹的制作方法是将花蟹洗净，整个放于锅中盖好，不沾水，慢火蒸，闻到香味即可吃。这样制作出来的花蟹既能保持原汁原味，又有一番独特风味，因此特别可口。食花蟹也常以甜醋作配味，因花蟹中有一种寄生菌，遇到醋即死。电白产的花蟹价格，现行价一般每公斤20～30元，每年夏、秋两季最便宜，若逢大潮汐即能闻市场叫卖花蟹声。各酒家均有清煮花蟹出售。

电白盐焗鸡和盐焗蟹

盐焗鸡一般是选用本地走地鸡蟹制作而成。其制作方法是：先将本地鸡杀死取血，除去毛及内脏洗净，用本地沿海产的粗生盐将整只鸡包好，放进泥煲里用文火焗至熟透，去掉附在鸡身上的盐巴即可食用。这时的盐焗鸡，鸡肉鸡骨也刚好入味，不咸不淡，香气十分浓郁，是家居、酒楼一道美味佳肴。而盐焗蟹的制作方法基本与盐焗鸡的做法相同。一用盐焗出来的膏蟹，其蟹黄、蟹肉特别香美好吃。

电城鱼炸、蚝炸

电城鱼炸、蚝炸是电城镇民间的一种美味特色小吃，香脆爽口。其原料是海鲜、生蚝、米粉和花生油。其制作方法是：先将米粉倒入有釉底的圆钵里，注入一些开水（若是全用冷水调成米粉糊浆，炸成的鱼炸、蚝炸，食之韧而不脆，味道也逊色几分），稍为搅和，再加冷水，调成糊状，以不稀不稠为宜。此时，将花生油倒入灶面铁锅，将油煮沸，用筷子夹来鱼片、生蚝往钵里糊上米糊，入锅油炸。在煎炸中，要一边油炸一边翻动，让两面都炸透，炸至淡黄色硬块，便可起锅，趁热食之，尤为香脆（也有加入小鱿鱼炸的，称为鱿鱼炸）。如今，与电城鱼炸、蚝炸制作手法大同小异的鱼丸、墨鱼饼、鱿鱼饼等海味佳肴，已遍布粤西乃至省港澳等地宾馆、酒楼，受到四方食客的喜好和品尝。

电白“海马”珧柱粥

电白“海马”珧柱粥是选用“海马”和珧柱煲成的粥。所谓“海马”即是海蟹中的一种爬行动物，俗名白蝥蟹；其个体小，脚细长，外形像螃蟹，一般在海滩繁殖，栖息在洁白的沙滩洞穴里，性癖幽居，日息夜游，喜群居斗殴残杀，且行走速度极快，恰似骏马疾驰，故当地人给它取名“海马”。这种海蟹难养，没有养殖的环境，产量极少，难以捕捉。人们只好利用它夜间出来寻食之机，利用炽烈的灯光使它迷失方向，或用长竹竿猛扫其洞穴（当地人又称捉“海马”为扫“海马”），使它惊惶失措，或用铲子扒开洞穴等手法捕捉。所谓珧柱则是江瑶（贝壳类动物）的柱头肉（闭壳肌），晒干后即俗称干贝。正宗的“海马”珧柱粥为电城镇莲头海滩或岭门镇山前、山后海滩捕捉的鲜“海马”，加上干贝，再配以大米、花生仁、鸡肉或其他动物内脏等精制而成，其讲究厨技和火候。品味清香爽口，营养丰富，是电白一种令人击掌叫绝、回味无穷的家居美食。

水东鸭粥

水东鸭粥是电白城区水东一道特色品牌美食。正宗的水东鸭粥店经营品种十分简单，常常只提供鸭粥、鸭肉、鸭头、鸭脚、鸭内脏和凉拌蔬菜，生意却十分兴隆。尤以水东兴记、才记等几家出名。每间店一天能卖五六十甚至上百只鸭。水东鸭粥全仗一锅好汤。首先选好乡下四五个月大的土生鸬鸭，煮沸一大锅清水后将火调微，加上北芪、党参等温补药材，将十几只处理好的光鸭下锅，完全靠水温慢慢地将鸭肉浸熟，然后将熟鸭起锅，撇去鸭油，只用清汤，加入新上市的珍珠米熬成富含胶质的稠粥。鸭粥入口即化，齿颊留香；鸭肉爽滑微韧，嚼起来回味无穷。若配上特制的姜醋、芝麻、酱油等蘸料，更将鸭肉那种独特的香味发挥得淋漓尽致。食客花上三四十元就可以斩上一碟鸭，加上几只鸭头、鸭脚和一大盆鸭粥，一碟青菜，三五知己就可以吃个饱，真是一种很平民化的美食，受到各方食客的欢迎。

7 年例文化

电白人除了过春节，最热闹的就是春节后许多村子极具地方特色的民间年例文化习俗了。

年例，又叫年宵，清光绪《茂名县志·风俗》载：“自十二月到是月（农历二月）乡人傩，沿门逐鬼，唱土歌，谓之年例。”据了解，明清时“年例”已记入当地的地方志。民国初年至新中国成立初期都比较盛行，“文化大革命”“破四旧”时曾一度中断，20 世纪 80 年代以来逐渐恢复，现电白乡村大都盛行做“年例”，而且相当隆重热闹。

电白年例场景

年例的主旨是敬神、游神、祈祷新年风调雨顺、百业兴旺、国泰民安。民间传说中，年例和冼夫人有一定的关联。史料中显示年例活动是由冼氏家族而兴起，长期演化后成为如今的年例。在年例中“游神”所用的神像中，便有冼夫人的塑像造型，可见她在当地人心中的地位像神一样崇高。当地人如此敬重一位巾帼英雄，可以反映出他们的英雄主义情怀及爱国主义思想。可以说冼夫人文化使年例更具历史意义，它传承的不只是一种地方传统习俗，还有一种具有积极意义的人文精神。

电白各个举办地的年例时间各不相同，集中在农历正月、二月，其余一些“翻秋”年例则每个月都有。农村年例大多以土地庙为中心，周围几个村子一起举行，甚至有些地方一年中举办两次年例。

在电白农村素有“年例大过年”的说法。年例期间家家张灯结彩，村镇街道布置彩旗，鞭炮声及锣鼓声此起彼伏，各种民间艺术表演竭尽所能，尽献于众。粤剧、电影、歌舞、木偶戏等各种各样的文娱活动纷纷亮相。其中粤剧最受欢迎。粤剧本地人亦称“大戏”，是各地年例日必备的表演节目。一般在年例期间搭起戏台连演数天。此外，醒狮班前来舞狮助兴，也是年例日的必备项目。一村过年例，周围村庄群众都来看热闹助兴，家家户户大摆宴席招待亲戚朋友。

年例一般会维持三天，第一天叫“起年例”，第二天叫“正年例”，最后一天叫“年例尾”。

正年例的早上，菩萨出游巡门，这一天还会有许多其他的喜庆节目，如舞狮、舞大龙、看粤剧、歌舞表演、放鞭炮和烟花等。主人还会邀请诸多亲朋好友前来开怀畅饮，在杯觥交错间联络感情。吃完年例接着是“睇年例”（又称“睇大戏”），是农民最喜爱的一种文艺节目。

到了第三天“年例尾”的早上，古时会进行火烧纸船等大型祭祀，当今则简化了，只请菩萨回庙便宣告年例结束。

8 荔枝文化

电白是全国水果总产值百强县（区）。其种植的各种亚热带水果（如荔枝、龙眼、黄皮、芒果、橄榄、香蕉等），总面积达4.14万公顷，年总产值达18亿元。其中荔枝种植面积达2.69万公顷（40多万亩），年总产量16万吨以上，总产值达12亿多元。这里之所以把“荔枝文化”列入电白的地方文化当中，是居于两大原因：一是电白人种植荔枝的历史较早，自东汉年间便有种植荔枝的记录，至今超过两千多年，其品种“进奉”“妃子笑”到了唐代，更成为朝廷的贡品荔枝，而且至今还保留有霞洞镇古荔枝贡园、荣下进奉园村古荔枝贡园和羊角镇禄段登高坡古荔枝贡园等三大古荔枝贡园（另一贡园位于相邻的高州市根子镇）；二是当今电白的荔枝连片种植面积为全国最大，有好多个连成一片的万亩荔枝场，形成闻名全国的荔枝产业带，其产品近年出口到欧美及大洋洲等广大地区。

电白荔枝之所以出名，源于唐代宦官高力士（冯元一）当年向皇帝李隆基的妃子杨贵妃极力推荐家乡荔枝的缘故。当年杨贵妃所吃的岭南荔枝（后被称为“妃子笑”），就是高力士令其手下策马来到其家乡良德霞洞堡，从新河的贡园贡荔上摘取新鲜荔枝经过特殊包装后，通过马匹、驿站飞驰送进长安。这一千里送荔枝的情景，被当朝诗人杜牧写下了“一骑红尘妃子笑，无人知是荔枝来”的诗句（《过华清宫绝句》）。从此，岭南荔枝“妃子笑”便名扬天下。

电白荔枝文化积淀深厚，茂名地区现存的四大古荔枝贡园电白就占了三个，其中霞洞镇新河古荔枝贡园和荣下进奉园村古荔枝贡国拥有成片古荔枝树800多株，面积上百公顷；羊角镇禄段登高坡古荔枝贡园占地面积27公顷。这两大古贡园现存古荔枝树龄超1000年的有数百棵，种植时间可追溯到秦汉时代，是不可多得的荔枝博物馆和游览胜地。贡园内古荔枝树历尽沧桑，千姿百态，有的树心被时光岁月掏空，根部又萌生新芽；有的长年受风雨侵蚀，只剩下半边躯干依然顽强支撑；有的盘根错节，蚺卷弯曲，神奇的景象令人叹为观止。登高坡古荔枝贡园中的“兄弟树”一树两果，一边是白腊，一边是黑叶，令人啧啧称奇；有树冠如一把大罗伞的“荔王”“荔后”，树干围长最大达到4米，树高15米，树冠覆盖面积270多平方米，气势十分壮观；有枝条弯曲盘旋的“千手观音”，惟妙惟肖，仪态生动；有枯木逢春般自强不息地从枯干根部长出几棵树干的“老当益壮”，生机蓬勃；还有相传是唐代宫廷宦官高力士派人取荔枝进贡朝廷时拴过马的“拴马树”，其拴马痕迹及马县蹄印的痕迹至今仍清晰可辨。

改革开放后，电白县委、县人民政府把建设荔枝基地作为振兴农村经济的大事来抓，政府投入资金将各地荔枝贡园改建成荔枝文化主题公园，并培育种苗免费引导村民广种荔枝，使电白荔枝产业进入一个飞跃发展时期，全县荔枝种植面积由过去的10多万亩发展到目前的40多万亩，成为全国连片种植面积最大的荔枝产业带，常年产量保持在12万~16万吨，成为全国荔枝主要生产大县之一，并发展成为闻名遐迩的荔枝商品生产基地和“农业旅游胜地”。

20世纪90年代，为充分发挥资源优势，致力打造电白“荔枝文化”品牌，促进地方经济和文化的大繁荣大发展，全县每年在5月下旬举办荔枝节，以荔枝为媒介，开展“荔枝小姐”评选活动，让旅游、文化搭桥，经贸唱戏，吸引八方宾客、客商和游人，参观果园，品尝鲜荔枝，洽谈交易。各地贡园、荔园、圩镇车水马龙，人来人往，川流不息，场景蔚为壮观。经过20多年的发展，荔枝节已成为当地民间一大节庆活动，古老的荔枝贡园、荔枝文化主题公园、鲜美的荔果、美丽的传说以及优越的滨海自然环境，为促进当地旅游文化和社会经济发展发挥了重要作用。

9 沉香文化

电白沉香（又称白木香）的历史可追溯至千年前的唐宋时期。经过漫长的历史传承，电白香民普遍了解沉香树的利用功能及其生长发育过程，掌握了成熟的沉香采集加工技术。当年由郑和开通的下西洋海上丝绸之路，就带着这种沉香产品漂洋过海，传到世界各地。

中国有四大香料：沉香、檀香、龙涎香和麝香，沉香居其首。研究者发现，沉香具有龙涎香和檀香混合的香味，而且科学发达的今天，通过任何手段都无法人工合成，要得此香，只能靠上百年树龄的白木香树，经虫蛀或雷电击伤、台风折断或老树枯朽，才慢慢自愈伤疤结香，必须经过上千年大自然的凝聚、沉淀，才能结出珍品沉香。其结香之艰难、稀少和珍贵，注定了沉香的价值（上品沉香目前市场需求最高价每克万元以上，收藏珍品奇楠高达每克七万元）。历史上，沉香不仅有很高的药用价值，而且被帝王贵族、宗教领袖等高端人士看中，成为一种赏玩、礼佛的高档用品。从而被赋予了历史文化价值。其香能安魂定魄，即安神、醒神，是失眠者最佳的天然辅助入眠奇方。沉香是天地之奇物，是大自然动植物合二为一的生命礼赞；沉香是稀世珍宝，其价值被世界五大宗教佛教、基督教、天主教、伊斯兰教、道教一致认可。沉香又是神奇的中药材，是我国南药十大广药之一。其可治疗的病症包括：肝硬化、慢性肝炎、补肾、壮阳、利尿、腹胀痛、胃下垂、胃溃疡、胃痉挛、慢性胃炎、便秘、风湿、气喘、寒痰、肺结核等诸症及癌症的预防和治疗。

民间认为，沉香是招财进宝之圣物和风水宝物。沉香有香之十德：感格鬼神、驱邪扶正、清净身心、能除污秽、能助睡眠、静中成友、尘里偷闲、多而不厌、寡而为足、久藏不朽、常用无碍。所以，它是高雅人群观赏品香、安身立命的理想选择。

近年来，电白各级人民政府高度重视沉香产业的发展，将其列为林业重点工程和优势支柱产业。当地政府出台《电白沉香产业发展规划（2011—2016）》，对沉香产业快速健康发展进行科学合理谋划。截至2014年底，全区种植沉香林面积近4500公顷（其中沉香GAP种植基地面积2000公顷），建立了沉香产业科研中心和良种繁育基地，成为亚洲最早、国内最大的GAP野生转人工种植基地，并承担了国家、省、市各级沉香科技项目10项，多数项目已通过验收。其中，《白木香（沉香）规范化、产业化种植GAP基地项目》获得科技部国家级星火计划项目证书；申请沉香相关专利5项，出版有关沉香专著2部，发表有关沉香研究论文多篇。主要科研成果有：《沉香生产技术规程》、人工刺激结香技术、沉香营养诊断及生理调控施肥技术等，在沉香良种繁育、种植、结香与加工技术等方面居国内先进地位。电白还拥有茂名君元沉香种植发展公司、广东君元沉香山中药饮厂公司、广东君元医疗器械厂（生产沉香隔物灸）、电白沉香“香市”、观珠沉香交易中心等，并成立电白沉香协会，专门进行优质沉香的种植、科研、生产、加工、收藏、销售等。电白沉香协会会长汪科元（中国沉香文化博物馆及广东、海南沉香协会高级顾问，广东沉香山实业有限公司等多家公司董事长兼总经理）专著《中药瑰宝——沉香》《众香国里话沉香》书籍出版后，填补了国内沉香专著的空白。2013年，电白被国家授予“中国沉香之乡”称号。

2015年以来，电白区委、区政府出台一号文件支持沉香产业发展，将沉香产业纳入产业结构调整和经济社会可持续发展的总体布局，积极推进全区沉香产业大发展，并规划建设国际沉香交易中心、国际沉香温泉度假村、中国沉香森林公园、岭南沉香文化民俗风情美食村等，全力打造国际沉香文化旅游风景区。

10 “非遗”文化

电白有着深厚的历史文化底蕴，更有着丰富多彩的民间非物质文化遗产。其中，冼夫人信俗被列入国家级非遗名录，电城高脚狮、单人木偶戏被列入省级非遗名录，麒麟舞、人龙舞、鳌鱼舞、横堂班等被列入市级非遗名录；双凤朝牡丹、电白民歌、走火龙等列入县级非遗名录。另外还有省级、市级传承人多达 15 人。

冼夫人信俗

“冼夫人信俗”是源于人们对冼夫人的敬仰而逐渐形成的民间信仰习俗。以崇奉和颂扬冼夫人的爱国、爱民、立德为核心，以冼太庙为主要活动场所，以庙会、习俗和传说等为表现形式的民俗文化。据史书记载：《隋书》有《谯国夫人传》，《北史》有《谯国夫人冼氏传》。冼夫人逝世后被民间升华为神，历经长期嬗变，在民间积累流传许多神话，用以歌颂赞美其品德和超人法力。民间流传着冼夫人的许多动人故事，如《巧判耕牛》《帽归原主》《冼太与大谢王比武》等。这些民间传说，在述说英雄非凡业绩的同时，神化了冼夫人，形成了民间约定俗成的崇拜冼夫人信仰习俗。“冼夫人信俗”于 2014 年 11 月列入第四批国家级非物质文化遗产代表性项目名录。

高脚狮

发源于电城镇楼阁村的高脚狮，是由南狮进化而来，始于明末清初，距今有400多年的历史。相传在明末清初，电城附近的舞狮高手马德良，在一次用竹竿晾衣服中受到启发，突发奇想在普通南狮的头尾各扎一木柄，由两名舞狮者各执一木柄舞动着狮子，别具一格的人狮共舞让人眼界大开，一直流传至今。后人根据其形象，称之为“高脚狮”。高脚狮体积比南狮小三分之一，小巧玲珑，造型精致，有4只长脚，于狮头狮尾各扎一木柄供操作之用。动作上，高脚狮集南狮、大龙的舞技于一身，生动活泼，以南醒狮的“马步”“三角步”等动作为主要舞蹈语言，加棍顶狮，空中奔腾，形成刚柔相济、粗犷含蓄、人狮共舞的新颖独特的艺术风格——原始粗犷，刚劲有力。高脚狮在海外表演时，被称为“中国波斯猫”。舞法既有传统南狮的喜、怒、哀、乐、动、静、惊、疑8种神态，又有高脚狮跌扑、翻滚、跳跃的独特神韵。动作千姿百态，栩栩如生，极具艺术性和观赏性。电白高脚狮先后参加“亚洲艺术节”“国际旅游文化节”“中国奥运狮文化节”和上海世博会“广东周”文艺展演等大型活动表演，广受赞誉。高脚狮现成为当地庆典、大型节庆活动和文艺表演不可或缺的项目，是电白优秀民间舞蹈之一，是广东省独一无二的民间艺术瑰宝，被列入省级非遗名录。

单人木偶戏

木偶戏俗称“鬼仔戏”，是电白民间人们喜闻乐见的一种艺术形式，主要分大班、中班、小班三种类型，电白单人木偶戏属其中的小班木偶戏，相传于明朝万历年间从中原传入，至今已有400多年历史。单人木偶戏是广东民族民间艺术重要品类之一，是一种延伸性、继承性和群众性很高的地方传统艺术，极受民间欢迎。

单人木偶戏表演

单人木偶戏表演时由一名艺人操作，表演难度极大；木偶的造型及制作十分讲究，多选用质地细软的松木精雕细刻而成，面部采用变形夸张的艺术手法彩绘装饰，口眼皆可活动，仪态传神逼真，栩栩如生。经过400多年的演变发展，电白单人木偶戏在茂名木偶戏行业中独树一帜。

单人木偶戏装备少，有30个左右的木偶，布台简单，成本低廉，一担戏箱就可以装全副家当，素有“两竿青竹歌前贤，方丈舞台励后人”的美誉。木偶角色中，分为“生、旦、丑、公、婆、净”等十大行当，脸谱各异；唱腔多为七言句或十言句，在当地民歌基础上吸收粤剧唱腔发展形成，同时以锣、鼓、钹、木鱼伴奏，有完整击乐规范，唱、念、做、打皆由一人完成；唱腔抑扬优美，极具地方特色。演出内容以宣扬忠、孝、仁、义、礼传统思想和反映才子佳人、将相帝王及当地传说故事为主。人物道具精巧传神，演出者表演技艺纯熟巧妙，具有较高的历史艺术研究价值。特别是当代，木偶戏艺人在传统基础上大胆创新，创作了一批反映新时代人物思想为主题的新剧本，为丰富当地群众精神文化生活，推进社会主义新农村建设做出新的贡献。

单人木偶戏对传承发展民间民俗传统文化、丰富群众文化生活有着重要意义，2007 年被列入省级非遗名录。

麒麟舞

“麒麟舞”是电白古老的民间舞蹈艺术。逢年过节、神诞醮会、秋色出游，舞动麒麟，以表达迎祥纳福以及祈求风调雨顺、国泰民安的良好愿望，这与中国民间素有的“麒麟献瑞”之说一脉相承。

麒麟，形似鹿，独角，全身生鳞甲，尾像牛。麒麟舞由来已久。相传很久以前，有一年天逢大旱，瘟疫流行，颗粒无收，民不聊生。土地公公看在眼里、急在心头，当即找来笑面佛，商讨辟邪消灾、拯救生灵的办法。可是笑面佛也无奈，仅知道有一种叫麒麟的神兽有这般法力，但不知道哪里能找到。这时土地公公想到齐天大圣孙悟空，于是他们找到了孙大圣。大圣果然神通广大，找到了麒麟洞。他们把来意一说，麒麟即答应下山降魔。麒麟来到人间，即施法力，喷火献瑞，顿时人畜安康，五谷丰登。此后人们便把麒麟奉为吉祥物，并把麒麟下山镇灾辟邪的故事编成舞蹈，谓之《三星会友·麒麟出洞》，每逢年节便进行表演。

麒麟舞属传统民间舞蹈，造型亮丽，形状小巧玲珑，生动活泼，以腾跃、翻滚等动作为主要舞蹈语言，形成刚柔并济、粗犷含蓄、人与麒麟共舞的新颖独特的艺术风格。麒麟舞一般由 4 人分别举着金银色彩的双麒麟模型，配以化妆表演的孙大圣、土地公、笑面佛进行各种腾跃、翻滚、戏逗，以及动静交替，轻、重、缓、急的动作表演。加上古色古香的旗队、状元、博士扮演，寓意献人才，加入果、谷模型，寓意农业丰收。又增加了小麒麟队，寓意代代兴旺。舞蹈成员一般由男性组成，都是来自本地的村民，从事各行各业的，如有养蚝的、务农的、从事加工业的、经商的，等等。当中年龄最大的已五十出头，而最小的只有十多岁。

麒麟舞表演

流行于电城、麻岗一带的麒麟舞，以电城楼阁村的麒麟舞最为著名。他们曾多次组队参加全国、全省的麒麟舞大赛，并因具有与珠三角乃至全国各地的麒麟无论在造型或舞蹈风格上都别具一格的地方特点而引起专家们的关注。目前，麒麟舞被列入市级非遗名录。

人龙舞

人龙舞流传于旦场镇一带。人龙舞，俗称火龙舞，是电白优秀的民间舞种之一，据传人龙舞起源于清雍正年间，至今已有280多年历史。

人龙舞的形成，据当地民间老艺人说：当时旦场村的村民喜欢在池塘中游泳，久而久之，他们觉得纯粹的游泳已缺乏趣味，于是分成两队人马，进行“水战”。“水战”的规矩是：双方都有大人和小孩，大人站在水中，将小孩托在肩上，让小孩对打，如果前面的小孩被打倒，后面的小孩迅速补上，继续战斗，直到有一队小孩被完全打倒为止。“人龙舞”就是从这种“水战”游戏中演变过来的。此后，每年农历三月十四日至十六日这三天晚上，旦场村就一定会舞起人龙，情景热闹非凡。人龙舞是该村最隆重的传统节日之一。“文化大革命”期间，电白人龙舞曾被视为“四旧”中断表演。“文革”后，人龙舞又重获新生。人龙舞多次获邀参加各种民间艺术会演，2006年参加茂名市“金秋十月”民间艺术巡游活动倍受追捧。

人龙舞具有珍贵的民间舞蹈艺术价值及社会学等历史价值。它不但具有中原龙文化和海洋文化的双重文化特征，还具

人龙舞表演

有民俗性、娱乐性、凝聚性等特点。由于人龙舞是一项集体舞蹈，村民们在同心协力舞蹈的过程中，相互之间的感情得到进一步地加深，有利于促进邻里和谐，增强村民们的凝聚力。目前，电白人龙舞被列入市级非遗名录。

鳌鱼舞

鳌鱼与龙、凤、麒麟一样，是吉祥瑞庆的象征。鳌鱼舞是电白沿海民间喜闻乐见的一种民俗舞蹈形式。据电白旧县志记载，在500多年前的明朝，南海一带的海上出现一条凶残恶毒的黑龙，它肆意掀翻渔船、吞噬渔民生命。渔民人人自危，昔日和平安详的渔村陷入一片可怕的愁云惨雾之中。后来，天上的太白金星到天庭请来鳌鱼，将黑龙降服。从此，渔民又过上快乐幸福的生活。后人们将神话故事引进民俗活动，以鳌鱼降龙的场景创出鳌鱼舞，并在每年春节期间举行盛大活动。这反映出民众的驱魔逐妖心理与和谐美好的人文精神。

电白鳌鱼舞表演

电白鳌鱼舞主要流传于树仔镇山美村，约有500年历史，属道具舞，以竹、纸扎裱成雄雌一对鳌鱼和鲤、鲢、鲫、虾、蚌等道具，并饰以各种色彩，道具鳌鱼全长约6米，最高一段离地约2米，形象夸张。鳌鱼的躯壳构造分为首、身、尾三部分。它的首部造型是变形夸张的双角龙头，高鼻、虾眼、口扁而阔，两侧鳃盖可开合，背鳍像鲟鱼，腹鳍像菱角，两角扎有彩球飘带。整体骨架用藤、竹、丝纸等材料扎制，用藤扎制的尾部骨骼框架高约1米（尾鳍部分）、长约1米的龙头鱼身模型，外贴砂纸后着色彩绘。雄的全身为金鳞，雌的为银鳞，在阳光和灯光的映照下闪闪发光。舞蹈时，舞者将鱼道具套入肩部承托鱼身，以肩、臂、肘、手操纵鱼身做扬高、俯低、左摆、右旋、口部开合等动作，配合着锣鼓、唢呐的节奏，舞出出洞、觅食、戏水、交尾、产卵、跳龙门等各种生动的姿态，烘托出鱼类在大自然中的生活意境，给人以奋发向上的启迪。鳌鱼舞表演队伍一般有 16 人，伴奏一般为八音锣鼓班，以打击乐为主。主要传承的老艺人是詹润吴、詹土成。鳌鱼舞表达了渔安人泰这一主题，后传到整个电白城乡，深受当地群众喜爱。

鳌鱼舞根植于华夏文化的源泉中，是博大精深、丰富多彩的中华文化组成部分。它是电白优秀民间舞蹈之一和民间艺术奇葩瑰宝，被列入市级非遗名录。

电城炒米饼

电城炒米饼古称“干粮”，历史悠久。早在 1000 多年前便流行于粤西（古高凉）一带，据说该饼是岭南圣母冼夫人亲自创制的。

南朝梁、陈时，南越大地连年发生叛乱，冼夫人率部与叛军常年作战，为将士们补充干粮，她设计出用大米炒熟磨粉做成饼团后放入木印模压制出来，再以柴火或木炭火烤干制成“炒米饼”。出征前，分发给将士们。将士们带在身上可以随时享用。由于该饼营养丰富、香脆可口，受到将士们的欢迎。他们食后精力充沛，勇猛杀敌，打得叛军一败涂地。从此，岭南一带民族团结，百姓安居乐业。为纪念和敬仰、弘扬冼夫人爱国爱民的精神，百姓便将冼夫人“炒米饼”誉为“吉祥之品”。后人传承了这一制作技艺，世代相传。到了明清时期，炒米饼用于婚嫁喜庆、丰收庆典、腊月新年探亲访友的手信，并盛行至今。现在，电城炒米饼已有众多品牌，产品远销海内外。2015 年 3 月，电城“炒米饼”制作技艺被列入茂名市第四批市级非物质文化遗产名录。

横堂班

横堂班是清末流行于电白小良、湛江吴川等地的仪仗性和行进式民间曲艺表演形式，表演以乐器吹打、唱词等“文”戏为主，所以又有人称其为“文堂班”。横堂班专门从事民间婚嫁喜庆、迎神赛会的助兴活动。主要由打击乐、竹管乐等民族乐器组成。表演时以大小唢呐模仿粤剧板腔，其余乐器用于伴奏。演奏曲调流畅，节奏明快，韵律清新，现场气氛热烈、欢乐、隆重。丧事演奏时曲调低沉，表现悲苦、哀伤的情感。

横堂班保持着古老的记谱方式，艺人演奏曲目仍然使用传统的工尺谱，以“合、四、一、上、尺、工、凡、六、五、乙”等字样作为表示音高（同时也是唱名）的基本符号，用“、”或“×、-”或“□、○、●、△”等作为节拍符号，也就是板眼符号。工尺谱的记写格式，通常用竖行自右至左书写，板眼符号记在工尺字的右边。每句的末尾用空位表示。

横堂班演奏班子人数不限，一般 5 ~ 7 人组成一班。新中国成立前，小良、吴川等地圩镇、乡村多组建有演奏班子。其唱腔、内容来源于粤剧，又融入了地方方言语调和唱腔，表演内容涵盖颂神、婚嫁、生育、寿诞、丧葬等民间民俗生活，演奏乐器以打击乐、弦乐、竹管乐为主，声调清脆悦耳，既可在

横堂班表演

大场面表演，又适合在庭院演出，极具地方文化特色，是难得的原生态民间表演艺术。清脆的唢呐声，喧闹的锣鼓声，质朴响亮的腔调成为当地乡村精神文化生活的一部分。然而在目前，除了极少数人家结婚、寿诞邀请外，则只能在春节年例期间才能看到该表演，而且表演形式也趋于简单化。目前，小良横堂班仅存两个班，表演艺人十余个，已被列入市级非遗名录。

双凤朝牡丹

双凤朝牡丹始于明末清初，是电城东街群众为祈求风调雨顺、吉祥如意及欢庆祈神诞和逢年过节所应用的一种传统民间舞蹈。此外，也在乔迁新居、婚嫁等喜庆场合表演。

传说，古时电城庄山上飞来一对金凤凰，毛色绚丽油亮如锦，非常美丽，每日在山上引吭高歌。说来也怪，自从来了这对凤凰，当地风调雨顺，渔获田耕颇丰，人们都高兴地称凤凰为吉祥鸟。当地有一位财主为了自己的家境更殷实，便下令家丁上山抓凤凰回家中饲养。没想到这对彩凤反应非常敏捷，人未靠近就展翅高飞了。财主非常生气，下令所有租地的佃农都要来帮忙抓凤凰，否则第二年将再加五成的租子。人们无奈之下只好到庄山脚下跪拜，凤凰停在山顶，翅驾祥云翩翩起舞。正当大家都看得如痴如醉时，凤凰忽然用力一扇，天空刮起一阵狂风，将那黑心肝的财主卷走了。从那以后，人们便把凤凰看作象征吉祥如意、带来丰收年景的神鸟。为了使这一良好愿望有所寄托，人们用竹篾编织成凤凰道具，配以笛子、锣鼓、唢呐等乐器助兴，高举两块写有“风调雨顺、国泰民安”和“五谷丰登、六畜兴旺”的红木牌起舞，以示驱邪消灾，迎祥纳福。

双凤朝牡丹表演

双凤朝牡丹共有牡丹、金凤（雄凤）、银凤（雌凤）、白鹤、八哥、红画眉、里记鸟、白翅鸽、翠鸟等11个角色。牡丹即为凤引。舞蹈分牡丹引凤、双凤起舞、牡丹和百鸟、双凤朝牡丹、百鸟和唱5个段落。舞台动作以模仿鸟类动作为主，如松毛、伸腿、开屏、交颈等，表演形象生动，具有浓郁的乡土味。音乐采用八音锣鼓伴奏，根据各种鸟类的颜色配以服饰，双凤分为金、银色，分头饰、尾饰，由竹篾、彩色纸片、布料和人造羽毛装饰而成。

双凤朝牡丹的风格特点主要是动态矫健、生动活泼、变化多样、配合协调。1987年和1988年，该民间艺术先后参加广东省首届民间艺术节和广东欢乐节；2006年参加“茂名特色文化活动月”的特色文化艺术巡游和开幕式文艺演出，同年赴广州参加第二届国际旅游文化节泛珠三角旅游推介之岭南民间艺术会演，荣获优秀演出奖。之后多次参加电白贺新春民间艺术大巡游活动，2007年被列入县级非遗名录。

电白民歌

电白民歌是电白优秀的山歌体民间音乐，据传它起源于汉族，源于清代，遍及全县乡镇。电白民歌声韵近诗，通俗流畅，形式多样。既有上万字的长篇叙事民歌，又有大量短小民歌，产生于当地生产和生活的需要，具有传播知识、文化传承、娱乐审美的功能和民俗学的研究价值。

电白民歌的形成，多为民间口头创作。其感情真挚、曲调优美，充满乡土气息，是电白民俗艺苑中的一朵奇葩。它既是人类顺应天时、祈盼丰收的仪式颂赞和群体倾诉，体现了人与自然之间的文化关联，又是跨性别、跨地域的交流方式和联姻手段，体现了社会人与人之间、群体与群体之间的血缘与文化的联系。

电白民歌多次获邀参加国家、省、市、县以及乡镇、村落的各种民间艺术会演，深受群众的热爱和好评。民间艺人王金贵演唱的咸水歌《唱条歌仔大众听》获得由中国民间文艺家协会、广东省文明办、广东省文学艺术界联合会、东莞市委宣传部主办的广东省第三届民间歌会金奖，中国首届水上民歌银奖。民间艺人崔玉梅演唱的咸水歌《约会》获得广东省第三届民间歌会银奖。现电白民歌被列入县级非遗名录。

走火龙

走火龙又称“火把节”，是彭村年例的大型民间文化活动。该村毗邻电白城区，是一个有着近5000人的大村。其年例自农历二月初二开始，到初四晚“走火龙”则是整个年例活动的压轴戏，吸引众多外乡人踊跃前来参观。

走火龙活动早在宋代已有记载。彭村走火龙这一活动开展至今也有近400年的历史。彭村的吴氏先祖从外地迁徙到此后，发现这里依山傍水，是宜居之地，便在此安顿下来。但由于临近海边，经常有台风、瘟疫出现，吴氏先祖认为这是邪气所致。为了驱赶邪气，吴氏先祖在每年的农历二月初四，用点燃的火把绕村一周驱邪祈福求平安，于是便有了这独特的“火把节”。

在村中，火把节意义重大，被村民们视作祈祷五谷丰登的

走火龙场景

重要日子，所以数百年来从未间断过，甚至在“文革”期间，村中的火把节也一直悄悄进行。以前只有建新房、娶媳妇、添丁的人家才有资格参加游火龙，称作“参花”。但近年来村中有孩子考上大学的人家，父母也要为其举办游火龙活动。

最初这个风俗带有驱邪的意义，现在则充满了村民狂欢的味道。农历二月初四晚将近子夜，随着一声锣响，在场的男女老少齐声呐喊，参加走火龙的八百多人每人手握一捆长约两米的细竹篾，有秩序地在火堆前点燃火把。在火把队伍旁，每隔几米就有一堆燃烧着的火堆，火势旺盛，像要给这长龙添上一道亮丽的红光。

“火龙”起步的时候带着小跑，高声吆喝并游走在村道上。800多支火把时而被举高，时而被横放，形成了一条2000

多米不规则的火光队伍，在黑夜的衬托下宛如一条腾飞的“火龙”在夜空中飞舞。“火龙”游走在村里的小巷和村边的田间小路，在漆黑的夜空中划出一条带白烟的红色火路，最后回到祠堂。

据说彭村在做年例时，请来的神仙是水东湾外海的，活动结束后做一条约两米长的纸船，大约凌晨2时左右抬到海边，最后把它烧掉，视为送神，彭村年例才正式结束。目前，彭村走火龙被列入县级非遗名录。

四　人文景观

电白历史悠久，境内遗留有数不清的自然景观和人文景观。其中具有代表性的革命史迹、文物遗址、陵墓坛庙、名胜景观等让人目不暇接，一些优美的掌故传说更是令人叹为神奇。

1　遗迹遗址

生产生活遗址

电白有许多古代生产生活的遗迹。其中比较著名的生活遗迹有路巷头遗址、山兜丁村遗址、冯家村遗址、看人坡遗址等。

路巷头遗址　位于今沙琅镇路巷头村。该遗址为新石器时代生活遗址，东靠沙琅江，西为田野。考古人员在该村后坡地出土的新石器年代的两件石锛，石质坚硬，刃口锋利。

山兜丁村遗址　位于今电城镇山兜村，是巾帼英雄冼夫人故里。该遗址为汉代生活遗址。在村内和村外西北2公里的小山包上，汉、隋、唐陶器碎片遍布。

冯家村遗址　位于今霞洞镇大村一带，原是唐朝辖下良德县霞洞堡冯家村，也是冼夫人夫家及裔孙故居地。遗址内，隋唐遗迹随处可见。其中的布纹瓦和青砖，经省考古专家考证为隋唐时期的砖瓦。

看人坡遗址　位于今霞洞镇大村诚敬夫人庙前，也是冯家村遗址的一部分。这是当地村民为纪念冼夫人而设的纪念场所遗址。每年正月十七冼夫人忌辰前后一连四天，数万群众会集在“看人坡”，举行盛大庙会，这一活动延续了一千多年。这一天，附近各个村庄都要举行纪念冼夫人活动，称“十七把年例”。最热闹的是大村和马路头村。这两个村庄都是当年冯家村所在地。崔、王两姓亲戚来宾云集，多达数万人，在冼太夫人神坛前看粤剧，拜祭冼太夫人。看人坡庙会后来发展成粤西特产展销会，各地手工业品都来看人坡占地摆摊。如羊角的陶器（缸、盆），下洞的竹器、箩筐、龙骨车、手拉水车，林头的草席，沙琅的酱油、豆豉，那霍、罗坑的草纸（火纸），信宜、高州的木制品、水桶，高州、化州、阳春的布匹、药材、香烟糖果，吴川的家用竹制品，阳江的皮箱、皮枕头，等等。最热闹的一年是1956年，参加庙会人数超百万。

园田汉隋生活遗址　位于今羊角镇园田、潭段、潭桥等村数十公里范围。该区域内，有东汉、西汉、隋、唐时代的残砖、烂瓦遍布。其中园田猪仔岭五佛庙旧庙基砖也是隋唐时用砖。

鹩哥寨遗址　位于今沙院镇海尾社区鹩哥寨岭上，面积15100平方米。此岭周围数百米，隋唐至明代碎砖烂瓦、陶片堆积成层状，是一处生活遗址。宋至明末，福建莆田、晋江、闽县、福州等地汉族人举家迁入电白，鹩哥寨岭成为其落脚点和中转站。迁移到此而来的24姓居民在此建有“福兴庙”。

瓮煲岭汉代窑遗址　位于七迳镇米粮村瓮煲岭。此岭有两个陶、瓦窑，相距10米；圆形窑体，一半在地下挖就，深1.8米，另一半在地面用泥堆筑而成，窑口直径6米；窑址四周堆积着大量陶、瓦碎片，陶器刻有水波纹、几何纹图案。是电白著名的陶、瓦生产遗址。

樟木垌古瓷窑遗址　位于观珠镇樟木垌及其附近一带，是电白著名的生产遗址。该遗址目前埋藏着大量古瓷器，其古窑场规模之大、时间跨度之长在省内少见。2013年3月，考古专家判断为粤西最大的明清古窑址。这个时间点，正好与电白客家人源自明末清初客家移民南迁的时间相吻合。这些以青花瓷为主的碗、碟、酒杯、花瓶等烧制品，充分印证了早期电白客家人的工艺水准。

文物遗址

电白也存有众多的古代文物遗址。如霞洞的古石柱遗址、沿海古烽火台遗迹等；古城遗址有五处：连江郡（县）城址、电白郡（县）城址、海昌郡和宁化县城址、南巴郡（县）城址、神电卫城址（电白县城）。此外，还有军事城堡遗址三处：沙琅巡检司城址、良榇营抗清义军遗址、甘村古堡遗址等。

霞洞古石柱遗址　位于浮山岭之阳。每根石柱下配石船一艘。原为9根，现存7根。自浮山岭西麓至东麓，在长15公里的弧形线上以3~4公里的距离排列。石柱为花岗岩雕凿而成，上尖下粗，微弯，纵向三面为平面，一面呈弧形，弧面朝着南海，平面对着浮山岭，大小不一，大的地面部分高达4米多，柱围2米多，小的仅为其1/3。在石柱旁，埋有石船1条。石船亦为花岗岩雕成，船头船尾分明，石船的大小各异，大的

霞洞古石柱

长2米，船体厚约0.2米，宽约0.8米，两头微翘，整石雕凿而成。

这些古石柱、石船何年由何人安插布下，用于何种目的，史志没有记载。一说建造于南朝至唐朝间，又一说年代无法考究，至今仍是一个谜。但其用途众说纷纭，有说是神石、风水石。归纳起来大致有六种：一说是风水用途，因迷信地势某方不利而设。二说是船竿柱，当时为纪念冼夫人开船去海南，喜悦性的象征（因闻冼夫人是沉海而死，又一说冼夫人巡视海南染疫而殁，船载而归）。三说是路标，有人认为这里古代是俚僚杂居，带讯人员，不竖立标志，走入歧途，往往被杀身亡，故要设路标。四说是界号，有人认为所谓汉人坡是指古代在浮山岭以南居住为汉人，以北为俚僚住宅之区，以此为界。五说是清代界石，清灭明后，明不服清统治，经常于海面作乱，清划界竖石为界，凡内地居民，离海边10里，才准定居，故立石为界。六说是图腾，有人认为这些古石柱、石船有图腾的作用。但到底古石柱起何种作用，至今仍无从定论（当地村民早些年不懂文物遗迹保护，曾将古石柱敲掉一截拿去修水利，故当今看到的古石柱大多矮了一截）。

沿海古烽火台遗迹　分布在岭门至南海晏镜岭沿海一带，留存有8座古烟墩，筑在岭门的山前岭，电城的莲头岭、寮扶岭、绿豆岭、东阁岭，南海的晏镜岭等主峰之巅，形如堆如囱，圆方相间，沿海岸从南往东，蜿蜒五六十里，直至阳江市界。烟墩，即通常所说的烽火台，又叫“烽燧”“烽堠”“墩堠”“狼烟台”，其名虽异，物则相同，皆为“古代边疆戍兵用烽燧报警而建筑的高土台”。

电白沿海的烟墩，是在清康熙四年（1665）和广东的沿海墩台同时设置。据《电白县志》记载：“（康熙）四年乙巳巡海使者至广东设沿海墩台”，“十二年癸丑修沿海墩台”。

康熙为何设置沿海墩台？原来，明清两朝，沿海屡受倭寇的骚扰，见诸记载的就不下10次。单是明隆庆五年（1571），倭寇先后两批500余人，自庄垌、太平至电城，大肆杀戮，“军民死者三千八百有余，妇女被奸淫或投井、自缢而死者不计其数”。对沿海人民的生命和生产破坏极大。因此，1662年康熙即位后，便命设沿海墩台。墩台设置后，警卫得到加强，电白的倭害基本消失。

电白的烽火台就岭而设，实际距离不一致，有的3~4里，有的则远达20里。构筑之材料，均为石与土，而以石为主，因为风雨难摧，至今古貌依然。其中寮扶岭烽火台则是8座中之佼佼者，台高4米，边长8米，守台哨兵营房基址犹存。

连江郡（县）城址　位于今马踏镇禄岳村之下村前。连江郡（县）自梁大通中（528）至宋开宝五年（972）共存史444年，城池规模待考。

电白郡（县）城址　位于今高州长坡旧城村。城分外城和内城，外城基本为正方形，东西长411米，南北长418米；内城呈长方形，东西长286米，南北长261.5米。内、外城之间为护城壕；内、外城之间的距离，东面为69米，南面为134米，西面为30米，北面为79米。内、外城均于东南西北开4门，门宽10.5米。内、外城墙均为夯土墙，外筑青砖加固，高度分别为5.8米和5.5米，内城墙厚25米，外城墙厚28.5米。城墙四角和四门顶部分别建有护卫楼。今城墙已毁，仅于西北角可考二层城基。

海昌郡和宁化县城址　位于今电白区树仔镇莘陂村后，城之大小已无可考，该城址海昌郡于南北朝宋文帝元嘉十六年（439）析高凉郡置，治宁化县。隋开皇九年（589），海昌郡并入电白郡后改称为电白县。

南巴郡（县）城址　位于今麻岗镇麻岗村南巴坡，城呈正方形，边长378米，面积14.29万平方米。该城已毁，地表已被当地村民开垦种植，残迹只在地下可考。村民常于其地挖出城墙之砖石、瓦片、陶器碎片等隋唐时物。

良德县城址　位于今霞洞镇霞中村。唐代武则天统治时期，冼夫人后代、潘州刺史冯君衡因受奸人陷害而牵连被满门抄斩，火烧冯家村，并派兵血洗良德城，从此良德县城被废，变成一片废圩。现良德县城址一带今名叫“古城村”（又叫苦城村，因遭毁灭性破坏而得此名）。

神电卫城址　位于今电城镇，于明洪武二十四年（1391）设置，为明初防倭寇和海盗的军事机构。洪武二十七年（1394）开始修筑城池，以沙土夯实为墙。永乐七年（1409），改为砖瓦墙，城墙周长3667米，高4米，堞高1.7米，共高5.7米。城墙上开东南西北4个门，城门之上有防卫楼，设垛堞40个，角楼4个，窝铺32间，垛口3100孔。正统十三年（1448），瑶民暴动，城被攻毁。后县尹在故址重筑卫城。成化四年（1468），电白县治从旧址（今高州长坡）迁至神电卫城，在卫城四周边疏浚护城河与海连通。万历三年（1575），又在城外增建敌楼12座。万历十年（1582），将城外墙增高1米，并在护城河边建更楼，在神电卫城内十字街口设建一座烽火楼台（即钟鼓楼）。清雍正三年（1725），废神电卫。神电卫城仍为电白县治。民国时期，电白县治不变。神电卫城墙于抗日战争期间被拆除。

沙琅巡检司城址　位于今沙琅镇电白第二中学校内，于明嘉靖五年（1526）设狮子堡，置守兵40人，设百户1员统率。清雍正九年（1731）设沙琅巡检司于狮子堡。乾隆八年（1743），修筑巡检司城。城呈正方形，周围长53米，开东、西两门，上建有城楼。环城有护城河，宽6.67米。嘉庆十八年（1813），撤沙琅巡检司，城亦随之逐渐崩毁。

良櫕营抗清义军遗址　位于今霞洞镇浮山岭。顺治四年（1647）二月初五，清军进入电白县城。四月，电白霞洞人崔良櫕率众起义，抗击清兵。为了进行长期作战，崔良櫕率部在海拔600米的浮山岭与鸡笼尖之间的夹谷地带一个叫犁头插的地方安营扎寨。整个营地分前、中、后三部分，前营为义军的前哨阵地，这里是马岭与大鸡笼山的会合口，地势险峻，易守难攻，有一夫当关、万夫莫开之势；中营是一座天然石屋，由几块大石相叠而成，高约8米，内可卧3人，是崔良櫕的指挥部；后营为幽森的山坳，溪涧纵横，芒苇密布，地形隐蔽，是义军的后勤部。在这里崔良櫕指挥义军一直坚持了4年的艰苦斗争。后人为纪念抗清英烈崔良櫕，将此地改名为良櫕营。

甘村古堡遗址　位于今霞洞镇甘村。该古堡建于清朝，当时附近双髻岭贼匪猖獗，不时下山入村烧杀抢掠。方圆十里第一富村的甘村自然成为贼人的目标。于是，甘村人为了保护家园，建起了这座长约 100 米、宽约 70 米的墙堡。墙堡厚度 2 米，用山上的黄泥掺黄糖料制作而成，异常坚固，历经数百年风雨，仍然坚硬如初。原来的古堡城门有 3 扇，一扇是铁门，一扇是石门，最后一道是趟栊门。堡内当时住有 100 多人，每家每户选派人住，将家里值钱的东西全数放在堡内。据村中老人说，古堡原有两层，一层巡夜打更，二层站岗瞭望。古堡四角安有火药土炮，发现敌情便放炮驱贼。

2 墓葬庙宇

电白自古人才辈出，名人古墓、古庙宗祠众多。存留下来的古墓葬有“国保”文物单位隋谯国夫人冼氏墓、冼夫人后裔墓葬群、黄十九墓等；古庙宗祠则有娘娘庙（冼夫人庙）、晏公庙、湾舟庙、北帝庙、登楼天后宫以及著名祠堂观珠汪氏宗祠和电城严家祠等。

名人古墓

隋谯国夫人冼氏墓　位于今电城镇山兜丁村。该墓是安葬“中国巾帼英雄第一人”冼夫人的古墓，山兜丁村是冼夫人的出生地，俚人的习俗是出嫁女死后遗体安葬在娘家所在地。这就是冼夫人墓出现在娘家的缘故。鉴于冼夫人的官位和历史地位，原墓地被修筑成帝王式陵园。据清道光《高州府志》载：“茔基横直俱四十四丈五尺”，即边长 148.33 米，占地 2.2 万

隋谯国夫人冼氏墓碑

平方米，城墙基底厚 12 米。墓城为南北向，四周残墙用沙土打夯而成。清嘉庆二十三年（1818），在娘娘庙后挖出冼夫人墓原墓碑龟趺石（赑屃）。翌年，由电白县知县特克星阿、电茂场大使张炳牵头重修冼夫人墓，树立新碑，即现存墓碑。该墓碑是用青色麻石凿成，高2.07米，宽0.70米，厚0.10米，阴刻楷书，左记“嘉庆己卯”，中署“隋谯国夫人冼氏墓”，右记“电白县知县特克星阿、电茂场大使张炳立石”。《广东通志》记载：“隋谯国夫人冼氏墓在县北山兜娘娘庙后，遗址犹存，碑佚，嘉庆二十四年知县特克星阿重立碑。”又载：“山兜冼夫人墓，四周短垣，颓为高土，人曰鬼子城，乃当日墓城之地也。”记载与此符合。在墓城内散布有唐代布纹瓦碎片，莲花瓦当、圈足碗，覆莲状石础和龟形的石质碑座。庙旁有一具残存的形似乌龟的龟趺石，龟趺石是承托碑石的器物。赑屃说明在嘉庆立碑之前，另有更古的碑石。在封建时代，墓碑大小是由死者的身份决定的。

2013年3月，隋谯国夫人冼氏墓被列为全国重点文物保护单位，这是茂名市目前唯一的“国保”文物单位。

冼冯后裔墓葬群　即是冼夫人和冯宝后裔的墓葬群，位于今霞洞坡田村狮子岭南坡晏宫庙后面（古良德霞洞堡驿道旁边）。冼冯后裔这两块墓地是1973年在全国文物考察中发现的。而首先被发现的是冯宝、冼太第六代孙夫妇合葬墓。1984年1月，广东省博物馆和电白县文化局对冯宝、冼太第六代孙夫妇合葬墓进行了挖掘。

此墓长5.15米，宽4.1米，墓向150度，分前、后两室，底铺人字形砖，后室中间由四重砖墙将墓隔成左、右两个棺室，每棺中间各砌有三层砖高的长方形棺床，墓左右壁及后壁各砌有三个壁龛，出土文物有：青瓷碗9件，青瓷罐、铜镜、铜饰、金钗各1件，铁棺环3件，墓志铭1方。其中以这块墓志铭最具历史价值。史籍中关于冼冯家族的记载仅见到子游一辈。这次出土的墓志铭字迹漫漶，难以通读，约略可知墓主人曾为潘州刺史和恩州刺史，为研究冼氏家族史提供了宝贵资料。

冯宝、冼太第五代孙媳许夫人墓在1986年被发现，次年1月19～27日由省、市、县博物馆进行了抢救性清理挖掘，因该墓早年被盗，破坏严重。墓地坐西向东，呈左字形，券顶砖室，底铺人字形砖，由甬道、前室、过道、后室和耳室组成，全长9.1米，依山势筑有半月形水道。出土文物有：金珠2粒、金饰1件、残铜镜1件、瓷碗3件、瓷盏3件、棺钉3件，墓志铭1方。据墓志铭记载，墓主人为顺政郡君许夫人，是唐朝中书令许敬宗之女，14岁嫁与冼夫人第五代孙为妻。龙朔元年（661）去世。此墓墓葬年代明确，形制独特，为研究冼夫人家族史和广东唐墓形制提供了宝贵的实物资料。

黄十九墓　位于今电城镇庄垌村庄垌岭北麓。黄十九于宋咸淳年间自闽来粤任高州巡检。卸任后，一直择居电白庄垌（今电城庄垌村），成了电白人。景炎三年（1278）五月，小皇帝赵昺为避元兵追逼，离崖山（今广东新会市南）渡海南下，驻跸电白庄山。元兵逼至，在国家民族处于危亡时刻，黄十九赤胆忠心，他以文天祥为榜样，以勤王护驾为己任，率领军民三千多人，奋勇抗击元兵，奋力护卫赵昺脱险。但最后黄十九因势孤力单，寡不敌众，壮烈就义。后人将他安葬于电城庄山之北麓。

同月，赵昺脱险在硇洲登极，改元祥兴。赵昺帝因念黄十九精忠报国，壮烈牺牲，敕封他为“忠烈侯”。

黄十九墓于1984年重修。墓旁还建有忠烈侯墓亭。墓坐西向东，两重护领，圆形坟丘，分坟头、山手、前台等，由护领至前台全长28.5米，宽12米，中间立碑，上刻“皇宋敕封忠烈侯黄十九公墓”，落款为“清乾隆五十七年重立”。该墓为研究南宋史、黄氏家族史和当地葬俗提供了宝贵的实物资料。1984年9月，该墓被公布为电白县文物保护单位。

丹桂墓　位于县城水东郊区求雨岭，墓朝向广隆岭。传说清末浙江籍美女丹桂，自幼知书识礼，聪明伶俐，其父乃电白博茂盐场一书吏，举家生活在水东。后来父亲年老失业，母多病，弟妹数人嗷嗷待哺，丹桂被迫沦为青楼女子。有一年，海南一风华正茂的举子赴省会试，途经水东，因客栈满客，举子被迫到“从良街”（今“忠良街”）一间前院是“剃头铺”的“怡红院”内入住。

晚上，书生由丹桂负责服侍。临窗向海，一弯新月，秋风习习，窗纱飘拂，丹桂一身清香陪伴在旁，书生整夜挑灯攻读。她一眼就看出来客是一介穷书生，便对书生甚为怜悯。交谈中，丹桂慧眼洞悉书生必定成才。书生也对她心生爱意，于是当夜便山盟海誓，私订终身。丹桂答应倾囊相助书生考取功名。书生非常感动，并许以明春不论高中与否也会回来娶丹桂为妻。

书生泪别丹桂赴考一个月后，在省城果然得中，官拜高凉某县知县，决定先回到水东与丹桂成亲后再一起赴任，他赶紧致信丹桂。不料这信寄到前院的“剃头铺”中，恰好被一姓马的剃头仔接到。原来，“剃头马”遍看水东花，不似丹桂好，他早就暗恋上美丽善良的丹桂，因一直无法得手，整日闷闷不乐。这天一见寄来丹桂收的官函，甚为吃醋，立即偷看了书信，得知是新科知县欲来为丹桂赎身成亲。“剃头马”大惊失色，突然心生一计，即仿书生字体，将书信换入书生的信封内，重新封好交给丹桂。

丹桂懿安妆前：奉禀者别后得中，无奈巡监赐婚当即受室，就前尘旧事应视黄粱，不可谨怀。重情定当改日为报，望珍玉躯云云。

丹桂看信后，也不细辨，当即昏倒。次日，她觉得人生无望、心灰意冷，愤恨之余，写下绝命书服鸦片自杀身亡。

事后数天，书生衣锦荣归，来到“怡红院”，得知丹桂香消玉殒，伤心不已，顿时昏死铺中。醒后搜其遗物，方得假信及绝命书各一。即找“剃头马”算账。谁知那家伙早已逃之夭夭踪迹皆无了。书生无奈只得去寻找丹桂坟墓，跪到坟前大哭了一场。

之后书生请来多方道士，超度“亡妻”孤魂，立幡打斋，祭奠七天，倾其所有为丹桂筑成大型灰墓于求雨岭（今二招糖果厂一带），并在墓碑上刻上一首回文诗。诗曰：“纱窗冷月夜来秋，渺渺乡怀感客愁。瓜破正怜生命薄，药尝曾记死名留。花飞绕梦新魂断，竹染遗痕旧泪流。鸦噪远山空寄恨，霞烟淡抹一荒丘。”其情之真意之切，感动了无数水东痴情男女，并纷纷传抄诵读，一时传为佳话。

古庙宗祠

娘娘庙　又名冼夫人庙，位于电城镇山兜村。始建于隋代，唐朝时期，因冼夫人玄孙冯君衡获“矫诬”罪而遭到破坏。宋末元初，当地黄、蔡两姓村民重建该庙，清、民国及新中国成立后先后维修或重修，最近一次修缮是 2004 年。现存建筑形制、结构保留清制。坐西北向东南，广三路，深三进，中间面阔三间。总面阔 22.4 米，总进深 29.2 米。硬山顶，龙船脊，抬梁式梁架结构。头门嵌花岗岩石门夹和一对抱鼓石，二进为拜亭，天井两侧廊庑为三开间，墙体从地面至 1 米高处是用不规则的石块垒砌，以上是青砖叠砌。特别是庙宇的外墙墙体为隋唐、宋、明、清时代砖石，有“一墙含五代”之誉。该庙是国内首座称作“娘娘庙”的冼夫人庙，具有较高的历史价值和文化价值，是研究冼夫人事迹的宝贵资料。2002 年 8 月，公布为广东省文物保护单位。

晏公庙　建在霞洞看人坡北端狮子岭向阳坡，占地约 1000 平方米，依山势而建。分三殿，后殿地势高，有两尊泥菩萨。中殿面积最大，雕梁画栋，庄严肃穆。置两尊冼夫人身像，形神一模一样。历史上每年对冼夫人的纪念活动从正月十六日一直延续到十九日，每当此时，南来北往的商人、看客云集这里，看戏的，做买卖的，车水马龙，人山人海，熙熙攘攘，盛极一时。20 世纪 50 年代，霞洞晏公庙曾出现粤桂湘琼四省上百万人前来瞻封开十仰朝拜冼夫人的盛况。后来该庙被烧毁，苏东坡等历代诗人的碑刻也已荡然无存。20 世纪 90 年代后期当地民间自行筹资，在原址上简单地重修，由附近村民打理，香火四季不绝。2011 年，晏公庙重建，殿高 13 米。红墙黄瓦，重檐飞峻，青石明廊，宏伟壮观。

湾舟庙　位于电白海上的放鸡岛上。自古作为南蛮之地的岭南曾是官吏贬谪之地，放鸡岛上的湾舟古庙正是与唐代宰相被贬谪有关。根据地方志记载，唐宣宗大中二年（848），两朝宰相（文宗、武宗，共 6 年）李德裕（787～850，字文饶，河北赵郡赞皇人，爱国政治家）先贬潮州，遂贬海南当崖州司户，乘船赴任途中经过放鸡岛，泊舟登岛取淡水。重新登舟之际，忽见大洋波浪滔天，无法行船。李德裕听闻此岛放鸡求平安的传说，便在岛上放生一只鸡，果然求得吉利，汹涌波涛一下子变得波平浪顺。李德裕一行重新扬帆驰向琼州海峡。后人建庙以祀李德裕，庙称“湾舟庙”。

黄十九庙　位于电城镇东 6 公里的庄垌岭下。山上为黄十九墓。黄十九庙建于南宋祥兴元年（1278），为四进式建筑。原庙于“大跃进”时期被拆庙取砖，用来砌炼钢炉。该庙于 1984 年定为县重点文物保护单位，2003 年重修，庙门之上的“忠烈坊”坊石是元代之物。每年农历五月二十七日是黄十九的诞辰日，方圆十里的村民来到庙门口的戏台看大戏，缅怀先烈黄十九。

北帝庙　亦称玄天宫，坐落在电城镇北街，始建于明洪武二十七年（1394），清代重建，载于《国家文物地图集》。该庙在电白革命历史中，也曾有过光辉的一页。1925 年，共产党员邵贞昌等人在此聚众宣传演说，开展革命活动，先后发展了大批群众投身革命运动。抗日战争开始，国民党抗日名将第十九路军61师师长张炎在此庙举办电白抗日自卫团干部训练班，集训操练，发动群众积极抗战。

北帝庙是明、清两代古建筑物，红墙绿瓦，硬石脊顶，穿斗式梁架结构，雕梁画栋，流金溢彩，至今仍保存较好。该庙于1998年岁次修缮，如今环境清幽，成为当地人民悠闲和文娱场所。

陈罗古庙　位于今县城水东镇二小附近。该庙是为纪念二位姓陈和姓罗的义士而建。传说陈、罗同是雷州一个财主的长工，明崇祯末年，水东发生饥荒，哀鸿遍地。雷州财主命陈、罗两人带着欠账契约和押运一船大米前往一面收债，一面向灾民粜米大赚一笔钱。米船抵达水东码头后，长工见到水东饥民

陈罗古庙

一片惨状，哪来钱买米！两人知道无法完成财主交给的任务，于是决定把欠账契约销毁，并将一船大米免费送给饥民度荒。做完一切后，陈、罗自觉无法回去面对财主，只好在农历二月初五那天，双双在铁潭坝附近跳海自杀，船夫下水救人，亦不幸淹死。后陈、罗两位义士的尸体随海浪漂走后又随海浪漂回原来自杀的地方，才被群众发现。灾民见到恩人为救大家的生命而献身，深为感动，纷纷前来痛哭恩人，还备好香烛、三牲前来拜祭。他们不忍心恩人尸骸腐烂或被鱼蟹吞食，立即动手将恩人装棺就地掩埋，并在墓地上立庙纪念，成为独特的神像底下有坟墓的庙宇，作为后人爱民感恩教育的好去处。此后，水东人民为纪念救命恩人陈、罗两位义士，还将每年的农历二月初五定为水东地区公众年例日。

太和寺 位于望夫镇望夫圩边，始建于清乾隆时期，至今已有300多年历史，属佛山祖庙之分支。太和寺坐南向北，东西长43.3米，南北宽53米，占地面积2294.9平方米（另有3388平方米土地可供开发使用），用地面积1255.7平方米，建筑面积351平方米。庙分上座、中座、前座，上座设三殿，大殿供奉观音菩萨，左殿为圣母娘娘，右殿为关公帝。前座左边拜本寺命大师，右边拜土地公公，中座拜韦驮将军。该庙址是一处“金龟上岸”的风水宝地，据说清嘉庆二十五年（1820）九月寺庙遭遇特大洪灾，水溢数丈，但寺庙却毫发无损。“文革”时因“破四旧”惨遭破坏。直至2006年农历三月初五日重建开光。寺内存有几百年历史的武石和花纹养鱼缸各一个，一口82斤重的关公青龙偃月刀重铸于寺庙门前。新建有太和寺广场、门楼、凉亭、膳斋房、八仙图及书法牌坊等配套设施，成为一处旅游胜地。

登楼天后宫　位于树仔镇登楼村委会登楼村。史载，登楼依山傍海，自成天然良港，乃番舶客航聚集之地和过往商船避风补水之所。宋初闽南商船泊港维修，迎镇船之妈祖神像于岸，搭屋敬奉。据清道光《电白县志》记载，宋徽宗初年，由从福建莆田迁来电白登楼港定居的林氏族人立妈祖神灵敬奉。宋徽宗宣和四年（1122），奉旨新建庙宇，赐“慈顺宫”匾额。清道光二年（1822）重建时改名为天后宫。登楼天后宫坐北向南，面阔四间 16.7 米，进深三进 21 米。青砖墙石脚，硬山顶，抬梁式梁架结构，灰塑脊饰双龙戏珠，封檐板雕刻人物故事图案。但由于年久失修，建筑残破。2003 年 9 月，由登楼村外出经商有成的老板们牵头下集资对其进行大修。登楼天后宫于每年农历三月二十五日（天后诞）和六月初六（恩宫诞）举行祭祀仪式，乡民敬神祈福，虔诚膜拜。而春节年例期间，村民纷纷前来祭拜，更是热闹非常。2012 年，登楼天后宫被列为广东省文物保护单位。

观珠汪氏宗祠　位于观珠镇中心小学内，是电白区内现存规模最大、保存最好的古祠堂建筑，是一座典型的民间宗祠式艺术建筑和古香古色的客家传统建筑，始建于清康熙四十四年（1705）。其创建者是唐越国公汪华后裔 86 世孙观兰公，清道光八年（1828）汪华 91 世孙镜川公对宗祠进行大规模重修并保留至今。宗祠坐卯向西兼乙辛，广三路，深三进，总面阔 24 米，总进深 40 米，主轴纵向三大厅，各厅之间有大天井隔开，每大厅左、右各建一间主房，主轴共9间，南北厢房共10间，现存面积960平方米。宗祠石脚青砖墙，硬山顶，石柱承运，雕梁画栋，气势雄伟，古朴典雅，是较为典型的清代风格建筑。1913年，废科举兴学校后，该祠堂一度辟为小学。1998年，汪氏族人对宗祠进行了维修。宗祠建筑风格古朴典雅，以日月神、三羊开泰、龙凤、麒麟、花鸟、福禄寿等吉祥物为图案背景的雕刻品，均是采用优质的樟木为原料。更难得的是，汪氏宗祠至今还保存着三块分别是乾隆、咸丰、同治年间受皇帝册封的牌匾。

2011年6月，汪氏宗祠被公布为市级文物保护单位；2012年10月，升格为广东省文物保护单位。

电城严家祠　位于电城镇人民公园西侧，是电白著名的革命史迹。严家祠始建于明崇祯十四年（1641），原名霞海书院，清康熙五十九年（1720）进行维修，改名为严家祠，祀电白严氏第十世祖严子仪（字菊连）。新民主主义革命时期成了革命的摇篮。

1925年（民国14年）6月，共产党员邵贞昌等在严家祠成立中共广东南路第一个党支部——中共电白县支部，邵贞昌

广东南路建立的第一个党支部旧址严家祠

当选第一任支部书记。翌年2月，电白县农民协会也在此成立，使这里成了革命的堡垒。

新中国成立后，严家祠作为革命遗址一直受到很好的保护。2002年市、县两级人民政府决定，在严家祠原址拆除重建。重建工程于2004年底竣工，2005年6月以茂名市第一个中共党支部和电白县农民协会旧址重新对外开放。现为市级重点文物保护单位和当地爱国主义教育基地及红色旅游景点。

邵氏八世祖祠　位于麻岗镇白马村。祖祠为三间一进，面积60平方米，砖木结构，硬山顶。1925年6月，邵贞昌主持成立的电白县第一个农民协会——白马乡农民协会曾在此宗祠办公。

黄氏大宗祠　位于沙院镇海尾社区上海尾村，占地面积约250平方米，祠分三进，气势雄伟，为黄氏族人纪念明代副都御史黄子平等黄氏先人而建，原祠已毁，近代重建，内有副都御史黄子平撰写的碑记。宗祠大门分三拱，祠顶上饰有双龙戏珠的灰雕，正面墙上饰有灰雕花卉及彩绘。大小三门的门楣、门框、门槛及门墩均镶石，大门高悬牌匾，横书：黄氏大宗祠，竖书：乡贤副都真御史，联曰：事业起长山白简英名垂后嗣，科名流粤海乌台伟烈重前朝；左门额之“崇德”，联曰：风传千倾，族聚长山；右门额之“报功”，联曰：绵闽东粤，望重西台。

3　名楼古井

电白目前存留下来的名楼当数明代建筑物钟鼓楼，也是茂名地区仅存最完好的明代建筑物。古井则有很多，如罗城井(清官井)、西沙井、国师井、霸王井等。

钟鼓楼　位于电城镇十字街口，建于明天启七年(1627)。因当时神电卫城为明代广东防御海盗、倭寇侵扰的24个海防要塞之一，这座烽楼就是治安防务报警点。明崇祯二年（1629），知县李祁将楼改为文昌阁，题额为“云门”。因楼上安有一口铁钟和一只大鼓，以后被人们称为“钟鼓楼”。清康熙年间，知县郭指南重修此楼，至清嘉庆二十三年(1818)，知县蒋善功再次修葺后，幸存至今。

钟鼓楼为一座砖木石混合结构的三层城楼式建筑，通高13.10米，占地面积约340平方米，底层长22.30米，宽15.20米，高6.60米，中为石砌拱洞，筑土而成，洞高4.10米，宽4.25米，深15.20米，人可通行，洞门上方嵌横额“云门”石匾，书法苍劲。城台上二层为砖木灰沙结构，长22米，宽14.90米，高3.10米；三层为木料结构，悬山顶，灰雕脊，重檐斗拱，红墙灰瓦，典型雅朴。是茂名市内仅存的明代钟鼓楼建筑物。

这座古楼历经几百年风雨侵蚀和人为破坏，原貌已残缺不全，大部分梁木、土墙已烂朽。1991年，经省文物管理处审定批准，由茂名市、电白县和电城镇三级政府出资重修，古楼已焕然一新。现为省级文物保护单位。

罗城井　位于电城镇庄垌村旁，又称“清官井”。井口圆形，直径67厘米，原来四周有石砌栏杆。井东筑有方墙，墙上有清道光七年（1827）所刻“罗城井”三个大字的石碑，墙下竖立“罗城井来历”碑文。

该井是广西罗城县百姓为纪念其知县黄廷圭而建。明弘治七年（1494），电白庄垌人黄廷圭授任广西罗城县知县，他关心百姓疾苦，下令废除旧例和一切苛捐杂税。士民对此十分感激，称他为“黄天平”。黄廷圭治罗城五年，政绩卓著。还主修成《罗城县志》。明弘治十二年（1499），黄廷圭母亲去世，他辞职归故里守孝。离任时，“罗城士民，数百泣送”（《罗城县志》），并赠黄金千两，黄廷圭坚辞不受。罗城士民对黄廷圭爱戴情深，无可为报，遂“爰凿石栏井口，相率百余人，踊跃奔驰，自罗运电，不惮远涉之劳，在庄垌，就公居第之旁，掘地及泉，砌成一井，供公日用饮食之需，表公爱民如子、而爱公如父母之意”（《罗城县志》）。今井存，栏杆已毁。

1984 年，罗城井被定为县重点保护文物。

西沙井　位于水东圩。水东约在唐初已由滨海渔村逐渐发展成为地方集市。到了清末民初商业更是发达，成为粤西地区货物的进出口。水东旧城区濒临水东湾，三面都是海沙冲积地，地下水含盐分，带咸苦味，但还宜饮用。最早的水东商人苦于食用淡水之艰难，集资凿井。相传，有和尚云游到水东三阁庙时，为水东择井位三处，皆得甘泉。即三阁庙井、镇东庙井和西沙井。因为水东人口逐年增多，而水源始终奇缺，故在新中国成立前，水在水东也是被人挑着沿街叫卖的商品。当时水东有一些穷人是靠给商家、铺头挑水维持生计的。

西沙井是旧时水东三井中最大的一口井。井口大，水量充

西沙井

足。一直到了1961年，原中共电白县委书记王占鳌带领广大干部群众兴修水利，先后建成了罗坑水库、黄沙水库、旱平水库，把远在50公里之外的水库水通过共青河干渠引到了水东，建成自来水厂，水东人饮用井水的历史才告结束。

国师井　位于坡心镇正村，建于明万历年间。说起该井，还有段历史掌故。据说明代朝廷有位受贬落难来到当地的“国师”（朝廷风水先生），为答谢该村村民对他的尊敬和厚爱，亲自巡村察地，择址开掘了这一口直径两米多的大水井。该井水源来自村外的沙琅江，即使抗旱之年几台水泵日夜不停地抽也抽不干涸，目前仍有许多村民抽来饮用。

该井泉涌水满，滋养了全村老少，养育出许多文武英才，如原深圳市委书记李灏，著名抗日将领、原国民党中将李以劻和著名美籍华人科学家李国樑等海内外同胞。许多外出侨胞离乡背井多年，仍念念不忘家乡这口“国师井”，返乡时总要亲临井旁看看，年迈无法返乡的，常嘱咐亲友捎回一瓶故乡的“国师井”水。他们那种“饮水思源”的寻根情怀，感人至深。

霸王井　原名“水井头”，位于南海镇霞里村塘仔海边。1911 年前后，水东港的轮船来往已是非常繁忙，船上用水供不应求。霞里村的清光绪国学生杨锡经倡议并亲自率领霞里村民众开挖此井。该井直径约 15 米，水深 2 米，清澈无比，一眼见底，水质甘甜，生饮无碍。

新中国成立前，因交通不便，水东人到南海赶集要搭渡船过来，在霞里村塘仔海边下船后还要赤脚走过一段滩涂才能上岸，为此都要在水井头打水洗干净脚。水井头的挖建是因应当时水东港出入的轮船供水的需要而挖。每年的正月初二在庙会“拍标”，价高者得标经营本年对海轮供水的业务。标款用来开支霞里庙年例和演戏之用。据说承包者每年要雇工十余人，把水打入漏斗，由竹槽流入供水船，再驶近三洲，看看那条船的桅杆吊有水桶的，说明该船需要水，则由工人排成一列进行递运，一桶一桶地传递，倒进轮船的水仓。之后由承包者向船方收费。水井头的承包者除了向供水的轮船收费外，不准向村民收费。

一直到了 1950 年，此井都沿用“水井头”这个土名。新中国成立后搞“土改”，为了配合“阶级斗争”的需要，把“水井头”改名为“霸王井”，据说是因南海当地一恶霸强制监管收费的缘故。

三阁庙井　位于今区人民医院附近。霞洞副榜崔腾云所建

（传说电阳试院也是他牵头兴建的），是一口风水宝井。井旁上为三阁庙，下为水井，井旁还有一口水塘。这口古井井水清洌甘甜，且大旱之年也不干涸，能长年确保水东居民生产生活饮用水的需要。据说当年还有不法商贩用这井水来制煮鸦片，每次都能成功，而其他井水就制煮不成。后来，因楼房建设需要，古井被填埋不存，而三阁庙则移到别处重建。

4　出土文物

电白多年来也曾出土众多的珍贵文物。如赑屃、古龙舟、石斧、铜鼓、佛像、陶瓷制品、铜钱等。在冼冯家族第五代、第六代孙墓地还出土金珠、金饰、铜镜、铜饰、陶罐、瓷盏、青瓷器、墓志铭等文物。

谯国夫人冼氏墓城赑屃

龟趺石 又称赑屃。出土于谯国夫人冼氏墓城一侧。龟趺石高0.6米，宽0.8米，残长1.5米。石质青黑，间有白纹，全石雕刻龟壳纹。从榫眼之大，可以推知它承托的碑石十分巨大。龙头龟身，是中国古代皇帝、将相公侯之墓的墓碑或神道碑石座。考古学家认为，中国古代等级森严，在岭南除了南粤王赵佗之外，唯有冼夫人这么高的封号才能与之相配。今存赑屃与墓城一道曾在唐代被毁，现出土的只保留残部。

古龙舟 20世纪90年代初在沙琅江出土一大一小两艘古代独木舟，经省文物专家鉴定为隋唐时期的古龙舟。

大古龙舟身长728厘米，宽94厘米，高70厘米，在今坡心镇潭莲车仔尾沙场出土。由一条完整的巨木挖空而成，中间宽两端窄，舟首前沿有两个穿孔，右舷前面有一带孔的木墩，左舷后部两边各有一个带孔的木墩，舟身基本完整，尾部稍有残缺。小古龙舟身长612厘米，宽76厘米，高36厘米，在今林头镇参桥村出土。舟的横截面呈半弧形，中间大，两端小，右舷靠近尾部有一带孔的木墩。

这两条古龙舟皆为国家一级文物。广东省新博物馆开馆之日，曾借电白博物馆这条大独木舟展示，并誉之为“镇馆之宝”。2003年，在坡心镇家家乐村又出土一条古代独木舟，长560厘米，宽60厘米，经考古专家鉴定为南朝时代制造，距今已有1500多年历史，现藏于茂名市博物馆。2004年，电白荣获广东省“龙舟之乡”称号。

释迦牟尼佛像 释迦牟尼佛像于1984年在霞洞镇格田村

民挖水渠时出土。该佛像铜质，坐姿，高15厘米。广东稀有，曾出国展览。

5　名胜景观

冼太故里景区　位于冼夫人长眠之地电城山兜之原。冼夫人爱国、爱乡、爱民的精神，代代相传，绵延千年。这里拥有全国最古老的一座娘娘庙。娘娘庙后，有冼夫人墓城、墓碑、龟趺石（赑屃）等文物古迹。

2012年11月11日，占地面积近30公顷的冼太故里景区二期工程动工。工程将分五个功能区建设：一是瞻仰区（冼墓、冼庙、神道、娘娘塘、园林绿化、岭南圣母宫、圣母瞻仰广场）；二是教育学习区（岭南圣母史迹馆、岭南圣母文化园）；三是游客接待中心（特色餐饮、住宿、会议）；四是百越风情休闲区（俚墟、百越会馆、演艺馆）；五是游客服务区（停车场、农家乐、特色购物长廊）。以高起点、高品位、高规格的国家AAAA级历史人文旅游景区标准建设，建成集爱国主义教育、人文历史资源和文化研究于一体的名胜景观。

电白古贡荔园　最著名的主要有两个。一处是霞洞镇古贡荔园，另一处是羊角登高坡古贡荔园。霞洞古贡荔园位于霞洞镇浮山岭南麓、沙琅江北岸，新河大桥北端两侧的上河村，总面积约87公顷，是茂名地区最大的古贡荔园。园内古荔丛生，品位极佳。古贡荔园有600多棵古荔枝，以黑叶、妃子笑、进奉等优良品种为主，配有白腊、白糖罂、挂绿等新品种；羊角登高坡古贡荔园位于羊角镇段禄登高坡村，面积约 27 公顷，内有超千年树龄的古荔枝树 300 多棵，是难得的荔枝博物馆和游览胜地。另外，霞洞荣下进奉园村也有一个较为著名的古贡荔园，其出产的进奉荔枝也是古代有名的皇宫贡品。

古贡荔园

电白古贡荔园历史距今已有两千多年。远在秦汉时期，浮山脚下就已荔树成行。南北朝时候，百越首领冼夫人与丈夫冯宝在冯家庄之外拓出两大荔枝园，东园便是如今的霞洞古贡荔园。传说梁代，冼夫人委托上京述职的冯宝带上荔枝进贡给皇上；陈代，冼夫人在陈武帝在位的 3 年中，年年进贡荔枝；唐代，杨贵妃爱吃荔枝尽人皆知，她嗜好吃荔枝，以利养颜。当时深受唐玄宗和杨贵妃宠爱的宦官高力士（冯元一）是霞洞冯家村人，每当蝉鸣荔红时节他便派飞骑回家乡摘取上好的荔枝，日夜兼程送往京师给杨贵妃享用。唐朝大诗人杜牧《过华清宫绝句》“长安回望绣成堆，山顶千门次第开。一骑红尘妃子笑，无人知是荔枝来”之千古诗句，虽意在讽刺这种穷奢极欲的宫苑败败，但也是当年“飞马千里送荔枝”的真实写照。

电白古贡荔园历经千百年风风雨雨，昔日进贡给朝廷的进奉、妃子笑、黑叶等品种，如今依然坚毅挺拔，千姿百态，风韵犹存。后来岭南荔枝的诸多品种无不源于此，一脉相传，绵延千载。

祥和的放鸡岛

放鸡岛海上娱乐世界　位于博贺港西南 8 海里的放鸡岛，该岛呈橄榄形，东北、西南走向长 2 公里，最宽为 0.91 公里，最窄为 0.10 公里，岸线长 5.96 公里，东北部最高处海拔 135 米，面积 1.90 平方公里，是电白境内 23 个岛屿中最大的海岛。海岛地段可分为四个类型：侵蚀剥蚀、低丘陵、沙滩、岩滩。由于长期受海蚀作用，基岩裸露，海蚀崖、海蚀糟沟、海蚀洞穴随处可见。山坡怪石兀立，植被茂盛，景色秀丽。西北部海岸，沙质洁白松散，北部沿岸海域水深 1.30 米至 2.0 米，东南部沿岸海域水深 2.60 ~ 10 米，海水清澈见底，能见度达 8 米左右。这里聚集了诸多美的元素，既有海的壮观，又有山的雄伟，这在中国的海岛中极为罕见。清澈的海水、银色的沙滩、绿色的海岛植被，岛上自然风光秀丽，天然景观奇异多姿，山清水秀，林密石奇。

放鸡岛周围的海水能见度为亚洲第一、世界第二，是一处理想的潜水胜地。成群的热带鱼在水中悠游漫舞，美丽的珊瑚则随着折射的阳光而变换着多姿的色彩。游客穿着潜水服，戴上观海眼镜，套上蛙鞋，沉浮于碧海之中，轻松自如地游览神秘的海底世界，观珊瑚，看海鱼，遨游龙宫，尽享潜水乐趣。

岛上的生态景观十分丰富，为全省海岛植被之冠，草木茂盛，郁郁葱葱。登山小道、观光曲径贯穿全岛，18 公里长的环岛水泥观光大道，亭台楼阁、小桥流水，绿草如茵，鸟语花香。人在丛林，听潮观浪，心旷神怡。

放鸡岛的顶峰矗立着一座圆形导航灯塔，夜间经过附近海域的船只全靠它的一束灯光导航。繁星当空，塔光闪烁，渔火点点，妙不可言。

放鸡岛具有得天独厚的休闲、观光、度假、览胜的旅游资源。目前，由台湾商人陈明哲投资数亿元建设的放鸡岛海上娱乐世界，正按 AAAAA 级旅游景区高标准建设，一座融生态岛、科普岛、休闲度假岛为一体的国家级旅游景区正在形成。该岛拥有“广东省十佳海滨旅游景区”“广东省生态森林旅游示范基地”“国民休闲示范景区”等称号。

茂名滨海公园　由“中国第一滩”整合虎头山、童子湾等景点打造而成。该景区门外碑石雕刻的“中国第一滩”手迹，是原中共中央顾问委员会委员李德生将军视察时被这里优美的自然风光所感染，欣然挥毫所题写。1993 年 9 月 25 日，江泽民总书记视察第一滩时被眼前绮丽的海滨风光所吸引，高兴地说：这里的旅游资源很丰富，建好了可以和世界著名的旅

游度假胜地夏威夷媲美。他欣然题词：“把茂名建设成为美丽的现代化的海滨城市”。

茂名滨海公园

林带茂绿、滩长坡缓，是滨海公园的两大自然景观。海边林带郁郁葱葱，绵延 40 多公里。它是 20 世纪 50 年代电白人民人工造林的杰作，是中国第一条营造成功的最长的沿海防护林带。林带外面是长达 12 公里的天然海滨浴场，沙滩洁白，海水清澈。特别是海滩坡度平缓，即使迎着浪花向前走出 200 米，海水也浸不过头顶。这样平缓的海滨浴场，为国内罕见。

经过多年的建设，滨海公园的配套设施日臻完善，旅游项目丰富多彩，有水上降落伞、摩托艇、游艇及放鸡岛观光游、市民健身休闲场所、儿童乐园等 10 个项目。同时建有高档的星级酒店群和旅游别墅。目前，滨海公园已成为旅游、观光、度假、饮食、娱乐、疗养和购物的理想风景区。每当周末和黄金周，各地游客纷纷慕名而来。

拥有十里长滩的滨海公园，视觉无穷伸展。大清早可观赏或拍摄到渔民驾船出海打鱼及日出美景。沙滩上乐趣无穷，被海水冲上沙滩的小海螺吸引着不少游客一边漫步一边弓腰拾宝，也可与旅伴骑马在长滩上昂首畅谈。

蓝天、碧海、阳光、沙滩。滨海公园海滩沙质洁净而细腻，是进行沙滩足球和沙滩排球的理想场所。在举办过多次国内女子沙滩排球比赛的基础上，2001 年、2002 年还成功地举办了世界杯沙滩女子排球锦标赛。每年夏季，这里都要举办大型的风筝比赛，蓝天上的风筝飘带五彩缤纷。春节的烟花表演、长年不断的沙滩趣味体育比赛和中外文化艺术节目，使十里长滩成了一片欢乐的海洋。

住海边，玩海水，吃海鲜，这就是滨海公园的旅游主题。到此就是来到了中国的夏威夷。在这里，你会感受到椰树随风摇曳的亚热带海滨风光，陶醉在南中国海的浪漫情调之中。

浪漫海岸旅游景区　位于博贺龙头山。阳光、大海、沙滩、椰风、林带，这里便是广东首席“爱与浪漫”主题景区的龙头山浪漫海岸。只见绵延十公里的海岸线上，奇礁遍布，岬角抱海；南北逶迤的沙滩，滩滩相连。浪缓滩阔，沙质细腻，海水洁净，素有“潮来一排雪，潮去一片金”之美誉。

沙滩绿树掩映处，有一座山麓叫龙头山。龙头山这名字很有意思，一个传说是：以前这里没有山，没有山就没有海湾，海浪一大，赶海人就无法靠岸。为此，海龙王发了善心，送了个小山，因为此山活像龙头，所以称为龙头山。

眼下，龙头山浪漫海岸旅游景区已建成海滩浴场、海鲜美

浪漫海岸

食街、海上栈桥、游船码头、松林烧烤场、椰林露营基地和特产购物街以及其他服务配套设施等。度假村有 10 多幢别墅 160 多间客房。随着五星级度假酒店、龙头山热带雨林湿地公园和海洋生物科普馆的陆续建成，这里正建设成为集观光游览、休闲度假、商务会议、美食购物、科普教育于一体的粤西著名风景区。

御水古温泉　位于麻岗热水村。史载：“石山之下，古驿道旁，温泉四布，水如鼎沸，四时不竭，郡邑官员，远方名士，慕名而至，云集温泉，赋诗酬唱，翰墨之迹，存之至今。”正是该温泉的真实写照。

御水古温泉山上巨石峥嵘，瀑布倾泻，温泉四时不竭。温泉水中含有氡、钙、镁、钾、钠、锶、铁、硫等 30 多种化学物质。泉水晶莹剔透，有“吐玉”之美誉。既可促使皮肤细洁光滑，又有防病治病之神效。

明嘉靖年间，此处已开辟为广东最早的温泉景区。郡邑要员，远方名士，慕名而至，或赋诗酬唱，或撰文记事，翰墨之迹，存之古碑石刻和方志篇章。

群山环抱，碧水如芳，芳草鲜美，绿荫匝地，空气中负氧离子含量丰富，被誉为“天然大氧吧”。都市人身临其境，油然而生的是一种回归自然的清闲感觉。

御水古温泉突出热带风情，营造自然生态与人文环境的最佳组合。温泉度假村内，一花一草、一池一亭皆美景，这里按AAAA级景区、四星级酒店标准建造，集温泉、旅游、餐饮住宿、会务培训、休闲娱乐等项目于一体，拥有200多间客房，舒适豪华、宽敞明亮。南亚式洋楼和别墅每间都设有独立温泉池，让游客在绿色与宁静中的秘密空间找回自我，是难得的养生旅游胜地。

电白西湖公园　位于城区水东镇西湖路原广湛公路东侧，水东港之北。原是一片烂海滩，1957年清污修堤，至1960年建成，面积5公顷。南堤筑有一闸门，使海湖相通，湖水咸淡适宜，鱼类繁盛。因建有一湖心公园，故又称“西湖公园”。西湖公园在“文革”期间曾遭毁坏，1976年重修。入口处是一座黄墙绿瓦的仿古牌楼，门额上题“西湖”两字，门外两侧，各设一花坛。百米长堤横卧湖面，跨过拱桥直通湖心公园。公园中央是中心花坛，花丛中有一尊汉白玉的竖琴仕女塑像，花坛之北，古色古香的西亭傍湖而建。花坛西南，是西湖餐厅和西湖宾馆，数座仿古楼房，楼台之间连成一体，一对白鹤雕塑立于湖中。近年经过大规模改造，建成九曲桥、湖心亭、休闲、娱乐、人行道等设施，现已成为一处美丽的城市景点。

东湖公园　位于城区水东镇东阳北街，水东防潮大堤西侧，临水东港。因在南海之滨，故又称海滨公园，始建于1959年，面积4.5公顷。入口处有一椭圆形花坛，园内花草成行，椰、榕、葵树相间成荫，园北三角形的淡水湖称“东湖”。湖心人工岛上建有湖心亭，红柱绿瓦，亭内设石椅，亭外有石凳，拱桥曲径连接湖心岛与湖岸。1984年，高达4米的革命烈士纪念碑在园西南建成，每逢清明时节，前来凭吊英魂的人络绎不绝。1985年设东湖游乐场，有碰碰车和碰碰船、鹅艇、水上单车、汽艇等水上游乐设施。公园东侧是水东防潮大堤坝，堤外即为水东港。在堤上早晨可观日出，晚上能赏渔火。公园东南是宽阔的园林风景区，西南是冼夫人文化广场，矗立有高大的冼夫人铜像。公园内有近一公顷的小树林，其中有槟榔、紫荆等数百棵热带树木。近年又经过多次大规模改造，建成绿道、人行道、湖心桥、湖心亭，还有高架射灯、LED照明灯、四周建筑物彩灯相辉映的配套设施，成为人们休闲、娱乐、观赏等大型活动的固有场所和县城著名旅游景点。

东湖公园夏日美景

水东湾红树林　位于城区水东湾畔。这里十里长堤，满眼绿色。高高低低、密密麻麻的红树林浮在碧绿的水面上，宁静的海面像盖着一块绿茸茸的毯子，一直铺向天边……

水东湾是全国最大的生态咸水泻湖，这里河海相互作用，咸淡水混合，并有潮汐作用，为红树林湿地发育提供了良好的地貌与天然环境。1999 年，经茂名市人民政府批准建立了电白县红树林（市级）自然保护区。从 2004 年起，电白人民经过数年的努力，自然保护区的有林面积已达万亩，是目前中国最大的人工红树林种植区。

水东湾红树林

红树林对调节沿海地区的生态平衡起着十分重要的作用。连片的红树林还成了一道亮丽的风景，海水与红树林融为一体，令人陶醉，成为一种宝贵的旅游资源，奇根、异果、绿叶与碧水蓝天交相辉映。红树林起到净化作用，水东湾天更蓝、水更清、景更美。岸在万亩红树林，水中绿浪翻滚，空气清新，令人神往。因为有红树林，水东湾被誉为中国南方最美丽的海湾。

沙琅江　是电白最大的河流，也是电白的母亲河，位于境内北部，发源于那霍镇青鹅顶岭南谷，流经那霍、罗坑、沙琅、霞洞、林头、羊角、坡心、七迳、小良等镇，汇入鉴江后

浮山远眺

入海，干流长112公里（在电白境内长约86公里）。沙琅江支流多，流域面积广，主要支流有黄岭河、石坦河、里联河（庙背水）、里平河（华垌河）、龙记河（观珠河）、郁头鹅河（白芒水）等。沙琅江沿岸多是冲积平原，土地肥沃，风光旖旎，盛产稻谷、花生、瓜菜、荔枝、龙眼、黄皮，是电白粮食和水果主要产地之一。

虎头山　位于南海半岛，占地3.73平方公里。虎头山原名“狗头山”，很久以前便流传着渔民阿狗与小龙女的爱情故事。1958年，中南局第一书记陶铸视察电白百里海湾“绿色长城”，到此漫步，认为“狗头山”不雅，电白人民造林绿化有一股猛虎之劲，建议此山改名“虎头山”，他还欣然举笔为山顶的小亭题下“绿海亭”的牌匾。斯人已去，但虎头山这个名字一直沿用至今，成为一份珍贵的历史文化遗产和永久的地名佳话。旅游度假区面向南海湾，背靠水东经济开发区，与水东港相邻，距县城约6公里。这里有理想的天然海滨浴场，海滩绵延12公里，沙质洁白，宽阔平缓；海水清澈，无礁无鲨，安全条件好，海表温度高，全年适宜海浴时间在280天以上，素有“南方北戴河”之美称。南海之滨的两颗明珠虎头山和晏镜岭耸立区内，既是度假区的迷人景观，又是两座天然的观景台，与阳光、白沙、碧浪、林带交织成一幅如诗似画、如梦似幻的南国海滨风情画卷。

虎头山旅游区是茂名市开发最早的旅游景区，具有南国风情的别墅散布各处。海边林带散布几间海鲜餐厅，游客可随意品尝刚从海里捕捞上来活蹦乱跳的海鲜，那里海边人的传统吃法更是别具风味，让游客们大饱口福。

驻足虎头山山顶的绿海亭，望着随风轻轻摇曳的千顷绿色，能真正品味出“绿”的含意。远处，海天一色，帆影点点，海鸥飞翔。晨观日出，晚赏日落，渔歌唱晚，真是如临人间仙境。

晏镜岭　位于南海街道办晏镜居委会境内的南海岸边，海拔169米。尽管高不过200米，但这是绝对的海拔高度，因为它的山脚下就是海面。游人伫立于晏镜岭上，海湾、礁石和碧蓝的海面、堆雪的浪花立刻扑进眼帘。立高远眺，可见海天一色，帆过鸥飞。大小不一的礁石在阳光下泛着亮光，在海浪中滚出富有节拍的拖动声，眼前的情景如一首流动的诗，如一幅变幻的画！朝南山坡横架惊涛之上，俯视顿觉四面来风，可见山下涛卷翻声如雷鸣，能觉脚下的山体似颤似颠，大有立马会倾覆百丈涛谷之感。

晏镜岭西麓陡峭的山壁上有一座土墓，据传是属于海南的宋氏祖墓。民间传说此地为风水奇穴，下葬后其后人必定高官厚爵，但子孙后代须背井离乡，不能再回老家。据出海的渔民说，从前每年清明节，海南的宋氏后人都会驾船前来祭拜，但不能上岭，只能在可以遥望到晏镜岭岭尖的地方停下来在海上遥祭，遥祭完毕再离开。

晏镜岭脚西侧便是闻名遐迩的童子湾，这里景色优美、水波平和，是当地渔民出海捕鱼、归港泊岸、交易渔捕的天然港湾，也是游客休闲观光、观赏渔家风情、摄影创作、品尝海鲜的好地方。每当午后，出海渔船返航靠岸，数百艘小渔船停泊在坡度平缓的海湾里，在夕阳的映照下，整个海面金碧辉煌，波光粼粼，小船摇曳，夕阳、晚霞、小船、沙滩、波光构成了一幅优美壮丽的油画，令人浮想联翩、心旷神怡。

晏镜岭是一个天然观景台。山上原来有一个空军雷达站，至今尚留下望哨堡、战壕和战备用的山洞。山洞深的达 200 米，浅的也有几十米，里面设指挥室和休息室，夏可避暑，冬可御寒。现在，这里已开发成军事旅游区和供游客登高望远的景点。

鹅凰嶂　地处电白、阳西、阳春三县交界处，海拔 1337 米，为电白第一高峰、粤西第二高峰。山势挺拔宏伟，水系丰富。是一处风景优美的世外桃源。这里森林茂密、青山绿水、空气清新、鸟语花香。区内有落差 200 多米的白水瀑布以及附近众多大小瀑布群。

鹅凰嶂保护区拥有国内特有种属植物 11 种之多，其中虎颜花、猪血木、圆籽荷、绣球茜草为稀有品种。还有“活化石”侏罗纪植物桫椤，国家二级保护植物大果五加、粘木等。专家们认为，鹅凰嶂的特有种属植物之丰富，在广东的自然保护区中无出其右。

鹅凰嶂莽莽苍苍，巍峨挺拔，其石极黑，其水极清，漫步其中犹如在云雾中穿梭。登上峰顶，可见曾经的军事禁区，还可俯瞰南海。山脚下，有著名的里坪风光，那情意绵绵的流水，醉人的山歌小调，古老的水车，犹如世外桃源。在溪流边扎起营帐，点起营灯，与新朋旧友一起欢笑畅聚；仰卧于大地，满目璀璨星光；流水声声，虫鸣聒聒。一如刚出深闺的少女，正向世人展示出其骄人的秀色。

庄山碧嶂　位于电城镇北 1 公里，原是广东百景之一。尽管庄山的海拔高度才 250 米，但考虑到它离大海不过数里之遥，这海拔已足够巍峨。

庄山脚下是著名的古刹庄山寺。庄山寺始建于明代，曾经形势庄重，规制雄大。前堂后寝，且配有园林，古木参天。可

电城庄山古寺

惜“文革”期间，寺、亭均遭毁坏，仅存遗址陈迹。近年重修后，寺院巍峨宽敞，气势磅礴。如今步入重修的雄伟殿堂，耳闻钟鼓，眼观佛像，顿有虔诚之心。偌大的殿堂梵音缭绕，游客无不浸淫在庄重肃穆的佛教文化氛围之中。

庄山诸景中，最为吸引游客的是“庄山泉韵”。源于山巅的庄泉全长200多米。溪水自山顶循石而下，淙淙作响，汇而为壑，清澈如镜。由于泉水清冽，夏日游人如织。溪畔明清石刻如“临流观化”“海飞云立”“涤尘”“庄泉”等散布于石涧、峭壁之上。沿着山间小道攀山，一路上泉水丝丝缕缕，只听水声悦耳，一泓清凉已随水声沁入心脾。登临山巅，遥见田野风光赏心悦目，滔滔海平线蒙眬可辨，令人心旷神怡、回味无穷。

沉香山　位于观珠镇磻坑，是一座闻名遐迩的经济山。山上有一块雄伟的石头，上面有苍劲有力、气势磅礴的“沉香山”三个大字，那是著名国学大师、书画大师启功先生的杰作。

“沉香山”原名磻坑山，怪石嶙峋，荒草丛生。1999年，广东君元药业公司在山上种下400公顷100多万株的白木沉香，并套种上巴戟、益智、藿香、豆蔻等南药，后在四周扩展成万亩沉香基地，成为全国沉香树种植面积第一县和全国最大的白木香规范化种植研究示范基地。

博贺林带　博贺林带位于博贺镇南海之滨，是一条虬龙般蜿蜒连绵百里的林带，林带以木麻黄树为主，是中国第一条沿海防护林带。

历史上电白是一个经常遭受风、沙、旱、潮等自然灾害袭击的沿海县。人民过着“风来沙尘遮天日，多少良田变沙滩，一日三餐无米煮，只好携子去逃荒”的凄惨生活。新中国成立后，勤劳勇敢的电白人民在党的领导下，开展了造林绿化、改造良田、挑战自然灾害的斗争。1954 年秋天，共产党员陈娇带领村民在荒滩上种植木麻黄树苗成功，后变成一条长达 28 公里、宽 100～500 米、面积 1200 公顷的木麻黄沿海防护林带。

博贺林带

1960 年年底，时任广东省委书记的陶铸登上电白龙头山，遥望白茫茫沙滩上绵延十里的壮观林带，激动地连说三声：“伟大！伟大！伟大！”并在当年全省人大会议上，向全省推广博贺造林治沙的经验。截至 1961 年，电白沿海造林面积达 2666. 7 公顷（40000 亩），成功营造出一条绵延 81 公里长的海岸防护林带。一条气势磅礴的绿色长城终于在南海之滨巍然崛起。

北京人民大会堂广东厅悬挂的那幅气势磅礴、苍翠欲滴的巨型国画《绿色长城》，就是著名画家关山月于 1974 年到此写生创作的名画，后被中国美术馆收藏，成为国画艺术珍品。

博贺渔港　濒临南海，呈狭长形，南北宽 4. 5 公里，东西长4.8公里，水域面积2100万平方米，大潮时水域面积3980万平方米，是天然优良渔港，也是广东省第二大渔港。这里早在唐正德年间就开始进行浅海捕捞作业，明清时已成为远近闻名的渔港，历来是电白渔盐集散地。“蜃雨腥风骇浪前，高低曲折一城圆。人家住在潮烟里，万里涛声到枕边。”这首古诗描绘的就是广东三大渔港之一的博贺渔港。

“郎不扶犁妹不耕，一年生计在渔船。”博贺人世世代代以渔为生，蕴含着众多神奇的渔文化和渔风情，徜徉在渔港老街，先人留下的生活印迹，历历在目。目前，整个博贺渔港拥有渔船超千艘，渔船上设有导航仪、定位仪、探鱼器、对讲机、电台等先进助渔设备，捕鱼近至整个南海，远至东非海岸。年鱼产量10万吨以上，连续多年居广东省渔港之首。

博贺渔港以其浓郁的渔区风情和丰富的海洋文化，成为电白旅游的一大品牌。

博贺渔港

罗坑水库　位于电白北部山区罗坑镇鹅凰嶂山下，距城区约60公里，是粤西地区三大水库之一，集雨面积77平方公里，蓄水量11473立方米，水质清澈如镜，灌溉面积超过10000公顷。主坝长210米，高35米，构成电白新十景之一的“鹅凤戏水”图。

罗坑水库不仅自然风光美，人文资源也十分丰富。罗坑水库是20世纪50年代末全县掀起“造林绿化兴修水利”时期，全县军民在县委书记王占鳌的亲自带领下，冒着寒风酷暑，经过两年多艰苦卓绝的奋斗筑成的。库区景点占鳌亭，就是为纪念电白人民的好公仆王占鳌和记载当年电白军民踊跃参加修筑水库的热烈场面建造的。近年来，随着罗坑水库知名度的逐步扩大，每年有成千上万的游客，不辞劳苦，慕名而至。罗坑水库正以越来越隽美的身姿呼唤和迎接更多的向往纯真自然、热爱美好生活的人们投入她的怀抱。

罗坑水库与电白第二大的黄沙水库（蓄水量5670立方米）由特大罗黄渠道连接，其除了可灌溉数万顷良田外，还流经沙琅江、共青河直接输送到县城水东，供工农业生产和广大居民饮用。

茂名菠萝山森林公园　位于电白西部广湛公路旁，距县城14公里，总面积3.15平方公里。这里前身为湛江地区电白县小良水土保持试验推广站，1957年由湛江地区水电局9名干部白手起家建成的。当时这里几十平方公里范围内全是草木不长的荒山野岭，水土流失十分严重，夏天地表最高温度达62.9℃，被称为“火焰山”。经过几十年的艰苦努力，采用科学的技术措施，成功地治理了水土流失，把这片不毛之地改造成了多样性的人工森林，环境条件明显改善。人工混交林风光旖旎，林、果交混，花卉满山，一年四季，繁花似锦，硕果累累，绿树成荫，花果飘香。当游人进入此地，随时随处耳闻目睹大自然的美景，犹如进入人间仙境，乐趣无穷。

珍稀植物园

1979 年茂名菠萝山森林公园被选为国家十个森林生态系统并定为研究站之一。1997 年对外开放以来，先后接待了来自世界五大洲 69 个国家和地区 180 多人次的专家学者前来参观和考察。其中世界森林研究所所长布朗尼博士先后 7 次来站，赞赏说：“在地球赤道与北回归线之间的多数地区都因森林破坏后而演变成了沙漠，唯独中国小良同属这一地带，却人为地把接近沙漠的不毛之地改造成为人工森林，确属奇迹。”联合国“水土保持与管理”考察组于 1979 年 9 月 19 日前来该站考察，把该站定为联合国“人与生物圈”考察点，并赠送了联合国旗，以作纪念。

电白县革命历史纪念馆 位于旦场镇松山中小学生社会实践基地内，历时5年于2011年6月12日建党90周年前夕建成开馆。该馆占地面积2989平方米，建筑面积2130平方米，馆内珍藏有615张历史图片、60件实物、4组雕塑和两段视频音像，还有一个大沙盘，一个拥有139个座位的影视多媒体播放厅。分成“革命星火”“抗日烽火”“解放洪流”“革命英烈”“老区人民的奉献”和“继往开来”六大展区，总投资420多万元，是目前粤西地区规模最大、功能最齐全的县级革命历史纪念馆。开馆至今，已先后接待来自县内外和全国各地的参观者超过10万人次。

电白县革命历史纪念馆

6 掌故传说

电白依山傍海，人们在生产和生活中衍生出了不少的民间传说、神话故事、歌谣，形象地反映了电白的自然环境、风土人情，反映了千百年来电白人们在不同历史时期的生活方式和思想情操。如《望夫山的传说》《放鸡岛的传说》《香女河的传说》等掌故传说优美动人，历久不衰。

望夫山的传说

传说之一：相传远古时期，望夫山下住有三兄弟，以捕鱼为生，各有一个年轻貌美的妻子，男人出海捕鱼，妻子在家织布，三兄弟出海捕鱼要三五个月才能回来一次，三个妻子天天上山遥望丈夫的归来。有一天，三个娘子在山上遥望的时候，远远望见丈夫渔船归来的帆影，大娘子思君心切，摇起了葵扇，希望能扇起大风，让丈夫的帆船能快点回来。谁知这不是一把普通的葵扇，而是一把真能扇起大风的宝扇，结果霎时大风卷起了巨浪，把三位丈夫的渔船全掀翻了！她们夫君翻船的地方，就是今天望夫镇民乐村的“翻船岗”。大娘子见船毁人亡，伤痛欲绝，把头扭向了后面，不忍心再看，渐渐化成了一座巨石，这就是“望夫石”。她们流下的泪水，变成了“望夫河”。至今三个娘子化作大娘峰、二娘峰和三娘峰，遥望南海，盼望丈夫的归来。天长日久，人们就把这三座山统称“望夫山”。后来望夫籍诗人曾培武作诗一首广为流传：望断天涯秋又秋，依峰独立盼归舟。日晒雨淋心似铁，月影摧花捱苦愁。幸得瑞花添银粉，晚妆吴刚快抹油。离魂已随夫君去，留下石佳不回头。

传说之二：很久很久以前，望夫山下是一望无际的大海，海边住着一个勤劳的小伙子，名叫阿海同。他从小无依无靠，是个打鱼采珠的能手。一天，阿海在海上打鱼时救起一位遇难的姑娘阿珍。阿珍深感阿海的救命之恩，不久两人便结成了夫妻。阿珍勤巧，阿海能干，生活过得和睦有味。有阿珍的歌谣为证："茅棚一间网一张，粗茶淡饭几甜香！妹不嫌哥哥爱妹，同喝粥水胜蜜糖。"然而好景不长。皇帝听说南海有珍珠宝贝，便派官兵到沿海一带拉船抓丁出海，给皇家打捞珍珠。阿海也被抓走，阿珍哭得死去活来。

自丈夫被押去采珠后，阿珍每天傍晚都站在小山坡上眺望，盼望着夫君快点回来。半年后，有人告诉她：阿海在采珠时，遇上了鲨鱼群，为救大伙，他献出了生命……阿珍听了晕倒在地，三天三夜吃不下东西。她爬到山坡顶上，面向大海，泪雨滂沱，大海咆哮。据说当天海潮大涨，把好几船运送珠宝的官兵都淹没了。风雨过后，阿珍化成一块挺立的石头，小山坡也变成了巍峨葱郁的大山，人们遂把这座山称作"望夫山"。

多少年来，望夫山流传下众多的诗章。明代著名文学家徐文长曾游到此写下《咏望大山》："海天万里渺无穷，秋草春花插鬐红。目送夫君出门去，一生长望月明中。"而明洪武年间电白知县刘元隆这首咏望夫山的诗，被后人誉为"前无古人、后无来者"，其诗意境之美，由此可见一斑：堂堂挺出一天贞，左右无亲石作邻。云鬓懒梳千岁髻，月眉常锁四时春。霜为腻粉凭风抹，霞作胭脂向日匀。莫道面前无宝镜，一轮明月照夫人。

放鸡岛的传说

放鸡岛原名汾州岛，又名湾州岛。总面积 1.9 平方公里，为电白第一大岛。关于此岛，自古以来留下许多美丽的传说：

传说之一：传说古时，汾州岛上生长着茂密的树林，在林间栖息着大群凤鸡，每当旭日喷薄而出、霞光万道之时，金凤展翅，引颈齐鸣，沿海渔民便迎着朝阳扬帆出海，撒网打鱼，过着幸福的日子。后来不知从何时开始，岛上再没有凤鸡打鸣，洋面上却浊浪排空。渔船不敢出海，过往船只也时有舟覆人亡的事故发生。后有道人指点，说岛上来了一只狐狸精，不但把岛上的凤鸡偷吃精光，还常常在海上兴风作浪，贻害渔民和过往客商。但如在岛上建神庙，诚敬天后神，并祀放生鸡，就可永保平安。附近渔民听信道士的话，纷纷捐款建庙。庙建好后，家家户户都去烧香拜神，将生鸡放养于岛上。凡航海者过此，也必入庙进香和放生活鸡。因而此岛便有放鸡岛之名，同时也称凤岛。

传说之二：古时汾州岛岸边住有一对渔民夫妇，渔妇叫柔姑，心地善良。她丈夫天天出海打渔，却总是空手而归，夫妇俩的日子过得捉襟见肘。某天，丈夫又出海打鱼，柔姑在家里苦等不见丈夫归来，遂到岸边寻找，无奈遍寻不着，只好往回走，迎面碰到一个贫病交加的老大爷，柔姑立即伸出热情之手，把老人扶回自家隔壁草棚里安顿好，并把家里唯一的老母鸡杀掉熬汤给老大爷喝，老人吃后身体舒畅神采奕奕，当晚也睡得很香。翌日一早，柔姑端来早饭请老人吃，才发现老人已不辞而别。那天傍晚，渔夫回来竟打了满满一船的鱼回来。柔姑才想起那老大爷可能是神仙的化身，因自己的善举而帮了自家。为感谢老人，渔夫此后每次出海，都会把一只鸡放归山林，以祈求出海平安，鱼虾满舱。慢慢地，放鸡岛的名字就在渔民中不胫而走。

传说之三：据载，唐大中二年（848），宰相李德裕被贬崖州司户，赴任途中舟经此岛，泊舟登岛取淡水。以后立一石碑记叙岛之险要及其被贬的梗概，后人把他当作神，建庙纪念。海船过此必登岛祭祀，并放一鸡于岛中，以示放生之意，遂有“放鸡岛”之名。

后来，霸占澳门的葡萄牙殖民者路过放鸡岛时，望见岛上的礁石上立着一只金黄色的大公鸡，便派人上岛准备捕捉来打牙祭。金鸡迅即闪入一块看似浮动的巨石缝里，葡寇们如狗咬皮球，无处下牙，恼羞成怒，便从船上拿来缆绳套住巨石，几十人拼命拉，巨石却纹丝不动，最后只好灰溜溜地离开。一看他们走了，金鸡又跳上巨石顶部，以胜利者的姿态，作金鸡独立状，引颈啼叫……这巨石后来被称为飞来石。又因为活像一只爬行的大金龟，故又称为“金龟石”。据说当年侵华日寇曾看中此石，曾用战舰想将此“金龟”拉回日本去，结果拉断了好几根钢缆，金龟石却丝毫未动，鬼子只得怏怏作罢。

2006年，台湾老板陈明哲慧眼相中放鸡岛的旅游开发价值，先后投入数亿元将这里打造成观光、旅游、垂钓、潜水、冲浪、度假的好去处，现已成为著名的国家AAAA级旅游景区。

香女河的传说

在七迳镇上郑村的村边有一段干涸无水的旧河道，人们称为“香女河”。

传说清康熙年间，上郑村附近无江无河，出奇得干旱，农作物几乎年年都被旱死。一个姓李的村民生了一个满身飘香的女儿，善良又漂亮，人见人爱，人见人敬。皇帝得知民间有如此貌美神奇的女子，就想招入宫中。便特地派一个曹姓太监作为钦差大臣和另一名太监前来接香女入宫。香女深知，“一入宫门深似海”，一生要服侍皇帝，再也见不到父母，再也见不到亲人了！她恨死了荒淫的皇帝，表示死也不进宫。太监威胁香女不进宫就要将她家满门抄斩，株连九族，全村受害。顾全大局的香女没办法。这时她心里想着常年遭受干旱的乡亲们，于是心生一计，对钦差说，要进宫可以，但我一不坐车，二不骑马，要坐船去！但这里既无江又无河，要坐船就得开一条河。为了向皇上邀功，钦差哪有不应承之理？立马下了一道死命令，要当地官绅立即开挖一条可以通航的河道。官绅抓来无数百姓，要他们不分昼夜地挖河。香女也加入了挖河行列。香女一边挖河一边伤心哭泣，她不停地想：河开通了不入宫就得死。死倒不要紧，就是年老的父母放心不下。香女思前想后，不思饮食，忧郁成疾，病倒了，怎么医治也无效。不久，河流开通了，河水源源不断地流进久旱的农田，乡亲们的庄稼有救了，香女的心愿实现了。香女上了船，乘人不备跳河自尽了！从此，香女化作碧波，荡漾在家乡的怀抱里。

香女死后，两名太监完不成皇上交代的任务，都怕朝廷怪罪。结果两人互相埋怨，大打出手。一个被打死，另一个最后也吞金自尽了。而家乡的父老无限感激和怀念香女，便把这条河称作“香女河”。

虎头山的传说

传说很久很久以前，电白南海渔村风光旖旎，物产丰阜，男渔女织，人们过着世外桃源般的生活。渔村有一后生名叫阿狗，生得英俊伟岸，智勇双全，百般武艺，样样皆能，且为人正直，乐于助人，深得乡民的爱戴。

话说海龙王的三女儿叫龙三妹，芳龄十八，天生丽质，聪明伶俐，因长锁宫禁，整天闷闷不乐。那天突然春心躁动，便偷出龙宫到海岸游玩。当时，正值阳春三月，南海岛上春光明媚。龙三妹游到南海岛时，便沉醉在美丽的景色里。忽然她看见一个后生捕鱼归来，全身洋溢着男性的青春魅力，简直令她失魂落魄，顿生爱心。她一经打听，得知他叫阿狗，并且有一颗美好的心灵，便想此生能与阿狗生活在一起该是多好啊。于是，龙三妹借故认识阿狗。阿狗也为龙三妹的美貌和落落大方的言谈举止所倾倒。心有灵犀一点通，很快，两颗心就迸发出爱情的火花，他们谈世情，讲天理，越谈越投机。在一个风清月朗的晚上，他俩指月为媒，结为夫妻，并发誓：海枯石烂不变心。不久，龙三妹身怀六甲。海龙王不见爱女，心急如焚，派出身边大将独眼龙带领一群虾兵蟹将四处寻找。后打听到龙三妹已跟凡人阿狗结婚的消息，即回报海龙王。海龙王听后当即火冒三丈，即令独眼龙将龙三妹抓回龙宫。独眼龙带着虾兵蟹将来到渔村，要村民交出龙三妹。村民不从，组织大家与独眼龙的兵将展开搏斗。阿狗与独眼龙大战四十九个回合，不分胜负。这时，狡猾的独眼龙使出“震天术”，顿时地动山摇，雷雨交加，冰雹不断。如此三日三夜，独眼龙再次威胁村民交出龙三妹，村民还是不从，并组织更多村民与其抗争。气急败坏的独眼龙心生毒计，使出绝招，口喷毒火。只见火光冲天，浓烟滚滚。龙三妹知道独眼龙的毒火会将在场的数百名村民烧死，而要镇住独眼龙喷毒火，则要男女阴阳结合。因此，她毅然吞下定身石，抱起丈夫像一火龙向独眼龙扑去。就在独眼龙不知所措之际，说时迟，那时快，阿狗将独眼龙扑倒在地，借助定身石的法力，阿狗夫妇将独眼龙一棍打死。但由于烈火无法扑灭，阿狗夫妇便化成一座小石山。从此，这里的乡民又得以安居乐业。人们为纪念阿狗夫妇，便将这座山称为石狗山。

1958 年“大跃进”时期，中南局第一书记陶铸前来视察电白石里海湾“绿色长城”，当他踏上石狗山时，看见电白群众植树造林和在沿海营造防护林有一股虎劲，加上这石山更像虎头，虎视南海，便提议将石狗山改为虎头山，并在山顶建好一座绿海亭。从此，虎头山之名一直沿用至今。

“番薯林公庙”的传说

传说很久以前，电白县霞洞有一年大旱，颗粒无收，很多百姓饿得向西南逃荒而去。当时，霞洞有个吴川籍的林怀兰医生，也随着灾民逃荒，到了交趾国（今越南北部）关口，他给关口一位将军治好了病，将军甚为感激。

在交趾国的王宫里，小公主患病久治无效。一日，关口将军入宫禀报：“中国有一位林医生，与灾民逃荒到关口，治好了很多灾民的病，我的病也是他治好的。小公主久病不愈，不妨请他来看看。”国王应允，令将军请林医生入宫诊病。小公主服了林医生开的药，没过几天病情就好转了。国王为答谢林医生，赠送成匣金银珠宝，但林医生婉言谢绝了。

于是国王设宴，以国宝熟番薯款待林医生，表示最高敬意。席罢，林医生问小公主："席上番薯，能否给我一条生食?"小公主答允，送给林医生一条生番薯。他吃了一半，留下一半借口小解藏到头发辫子里，戴上圆瓜帽子，辞别公主，转返中国。

林医生离开王宫后不久，国王忽然接到禀报：国宝番薯被林医生偷出境。国王大怒，立即派关口将军追捕。林医生到边境，坐船到了江中，这时追捕的将军驾船拦住了林医生道："你偷国宝番薯出境，今奉命要将你缉捕。"林医生听罢，说出了为救灾民生存，取回番薯种植的心意。将军听后，深为感动，命令士兵放行，让林医生带番薯回国，自己便投江自尽了。

林医生回到了电白霞洞，把半条番薯种植，不久长出了叶子，下了薯。这番薯能耐旱种植，迅速生长，消息传开，乡亲们纷纷前来取薯苗、薯块，广泛种植，有了番薯当杂粮充饥得以活命。从此以后，番薯便从霞洞传到广东各地，传到了全国各地。林医生也得了"番薯王"的尊称。

清乾隆年间，霞洞副榜崔腾云，为纪念林公挽救百姓饥荒的功德，率众在霞洞圩边建立"番薯林公庙"。庙成后，每年收番薯时，农民都会挑选大个的番薯，挂吊在庙门前，以示感谢林公的恩德，祈祷林公保佑风调雨顺，稻谷番薯丰收，百姓能过上好日子。

童子湾的传说

很久很久以前，南海晏镜岭下有个叫梁老大的人，平时以捕鱼为生。一天，晏镜岭的海湾来了一群海妖，限渔民在每年八月十五前要送去一对童男童女，如若不然，人船俱翻，有去无回。村民们惊恐万分。梁老大叫了几个勇敢的村民来商量，发动村民对抗海妖。待一切准备停当，梁老大带领青年出海，每户留下一人守家。

海妖前来索取童男童女，梁老大用计把海妖骗到村内。三声铳响，屋内准备的粪便污物一齐泼出，鱼叉飞舞，妖兵们招架不住，四处逃窜。梁老大早就布置水手埋伏海边，当大群妖兵到来之际，暗地往妖船淋上桐油，扔去松火，霎时火光冲天。那些歹徒，上天无路，入地无门，哭爹叫娘，死伤无数。

过了一个多月，出海的渔民正打点归帆，突然刮来一股狂风，天上降下乌云，海底飞起一条水柱，一条妖船已驶到面前。这个妖王乃是千年蟾蜍精，喷出毒气直袭海面各船，除梁老大和他的船安然无恙外，其余船只桅杆折断，篷帆扯碎，渔人纷纷倒地。原来梁老大 7 岁时曾在海边救了海龙王的小龙子，龙王感恩送了一粒驱邪万能珠给梁老大。蟾蜍精奈何他不得，正是有此宝物护身的缘故。

蟾蜍精一直尾随赶到岸边，向村中人群喷毒气。突然妖船船头起火，它赶到船边竟发现一童子提着油桶往船尾泼去。蟾蜍精怒气冲天，准备将毒烟喷到童子身上。此童子正是梁老大爱孙小昌。梁老大见状，就将万能宝珠扔去，小昌得救了。蟾蜍精怒不可遏，将全身之毒发泄在老人家身上，可怜梁老大当场倒地，最后用尽平生力气把鱼叉朝蟾蜍精扔去。鱼叉叉中蟾蜍精的大腿，妖精哭爹叫娘，拖着腿逃之夭夭。

小昌遵爷爷的嘱咐，备办三牲，在海边焚香求拜大慈大悲的观音娘娘。一连四十九天，夜露天寒，土地为他生起篝火；肚饥难忍，海鸟为他含水滴进口腔。观音感其诚，降下凡间。小昌泣告：“菩萨救救我爷爷和全村人的性命吧!”观音娘娘点了一下瓶中净水，再一弹，全村人苏醒了。她说：“你爷爷一生专为人做好事，积德无量，上天授封他为梁王大帝，就让他升仙吧。”小昌祈求观音娘娘为大伙除妖，出海能一帆风顺。观音娘娘说：“好吧！就给你们一帆风顺。”拂尘一招，上苍降落一块“一帆风顺”石。又说：“你要除那蟾蜍精，倒也不难，得看你肯不肯为此牺牲了。”小昌连连叩首：“即使粉身碎骨，小童也愿意。”娘娘指着前方：“它就在山下海边，你若永远坐在它背上，它就永世不得翻身。不过，你将化成岩石。”小昌拜过观音娘娘，又拜过乡亲，便到山下海边找到了蟾蜍精，一屁股坐了下去……

自此，小昌变成了一块“童子拜观音”巨石。为纪念梁老大，村人建成“梁王大帝庙”。那块“一帆风顺”石前，来人如鲫，祈祷人寿年丰、一帆风顺。

五　现代风貌

新中国成立以来，电白人民当家做了主人，全县各条战线的发展日新月异。特别是改革开放后和进入21世纪以来，城乡面貌发生了惊人的变化，简直可以用突飞猛进来形容。同时，在城镇化建设过程中，尽量做到对传统文化的传承与保护，并在举办重大文化交流活动方向也取得了令人满意的成绩。

1　卫生县城

电白县城是新中国成立后不久即1950年年底从电城迁来水东镇。那时候，水东仅是一个滨海渔村逐渐发展起来的小集市。仅有澄波街、忠良街、东阳街、鸡行街等约1200米的狭窄街道。自成为县人民政府所在地后，原三角形中心部位的许多洼塘被逐一填平，同时将鸡行街辟成了解放街，并在三角形两腰之间打开连接澄波、解放、东阳三街的通道，形成菜市街、新街、上排路、新风街、政法路、桥南路、埗头路、西湖路、新湖街等小街道。城区交通条件逐渐得到改善。

20世纪50年代，电白汽车站移至人民路站址，新旧车站之间的大片滩涂渐次被填高，扩建为商住区，形成了人民路南段。并由此向西建成西湖路及湖边路。60年代以后，人民路继续向北伸延，到糖果厂门前，向东筑建健康路，直达人民医院。60年代填海建防潮海堤时，又于海边新辟海滨路。

从汽车站前沿广湛公路西扩，扩建了新街和新湖路，它的周围是关草田住宅区和新街住宅区。

东阳街东北端向北扩，扩建了政法路，至县府第二招待所门前与健康路衔接。

澄波街濒海一边，50年代以前原是盐田，后被废弃，并逐渐填高，开辟为住宅区、运动场、公园和旧电白一中、电白一小校园。

1957～1959年，在城区西南面和东北面，分别筑堤填海形成人工湖，称西湖、东湖。其中西湖面积约5公顷，东湖面积约4.5公顷，形成城区的一部分。

1959年10月，随着连通罗黄水库的共青河的建成，灌渠延伸到水东近郊。1961年7月，在上排村后高地建起县内首家自来水厂，县城居民从此正式饮用上了自来水。

60年代前，县城水东基本达到“四无”（无鼠、无蝇、无蚊、无臭虫）标准，于1958年12月被评为“全国爱国卫生先进单位”，成为全国一面卫生红旗。

其间，电白全县因为绿化好，县城水东被称为“绿城”。

70年代以前，县城城区建设缺乏总体规划，基本上是哪里平坦、高亢便往哪里建，顺着原有街道向内陆方向发展。

70年代后期，县政府开始重视城建规划。在水东至广州、茂名的三角地带建设三角圩，人民路则沿着广湛公路向北伸，与三角圩相连。至此，12米宽的人民路延长到了4000多米。城区面积也在逐渐扩大。县城形成12条混凝土结构的主干道，总长达12公里。

交通建设也走上正轨。原梅东线和电东线被改造为325国道（广湛公路），东袂线改为茂水公路，东琅线改为省道S281（七那公路），还建成省道S280、S282、S113，县道X617、X618、X619、X638、X619、X640等，使全县形成四通八达的交通网络。

文教卫生发展较快。至1979年，全县有幼儿园136所，在园幼儿上万人，教职工440多人；小学404所，在校学生153037人，教职工5000多人；中学39所，教职工2500多人，在校学生38591人，其中高中在校生7422人；全县有各类医院8家，卫生院26家，病床1000多张，医务人员1536人。

县城工商业发展也很迅速。县城内有陶瓷、农机、电力、化肥、选矿、造船、食品、印刷等工业企业50多家。国营商业有百货、纱布、五金、石油、烟糖、水产、饮食、食品、医药等九大专业公司，供销合作商业有土产、日杂、果菜、生产资料四大专业公司。

截至1979年，水东镇城区面积约2.1平方公里，人口约3万人。水东成了电白县政治中心、经济中心、文化中心。

城乡集市也有所发展。全县圩镇农贸集市建筑面积从新中

老水东骑楼

国成立初期的2.47万平方米，其中草棚结构的350平方米，砖瓦结构的2.43万平方米。截至1978年，全县圩镇农贸集市建筑面积增加到5.73万平方米，其中茅棚结构的1700平方米，砖瓦结构的5.12万平方米，钢筋水泥结构的4400平方米。

农村住宅一般为砖瓦房。多为大屋混居。自60年代起，建房者多仿橡胶场工人住宅的模式，建成户户紧挨、出入方便、外观整齐的“一”字形横列民居。

2 绿城雄姿

改革开放后，电白的城市发展步伐加快。1981 年，县政府成立水东镇建设委员会，由一名副县长兼任委员会主任。但初期拟订的规划以改造旧城区为主，阻力很大，收效不佳。自 1984 年起，建成三角圩贸易市场，改以开发新城区为主攻方向，规划在旧城区东北面另辟新城区，以汽车站至高地公路为西界，三角圩至寨头渡公路为北界，东、南两侧以水东湾海滨为界，长、宽各 5 公里，面积 25 平方公里左右。县城人口也由改革开放前的 8000 多人猛增到 80 年代中期的 4 万多人。

其间，广大农民纷纷洗脚上田，走南闯北，勇闯商海。特别是成千上万的农民到珠三角、海南等地从事建筑工程项目，以电白一建、二建、三建等公司为标志，承揽了无数的城市大型建筑工程，涌现了数百个电白籍建筑大老板，还无数次获得建筑界最高荣誉的“鲁班奖”。

1985 年成立水东海滨新区建设指挥部，由 3 名副县长分任正、副指挥。开发工程从西界起步，由此往东，南北长 5 公里、东西宽 1 公里的地段为首期开发区。在此地域内建设新的县治机关以及工业区、文教区和商住区。平整地面的余泥搬到南面海滨，填高滩涂，成为新城区的一部分。按照规划，首期开发区的东边，将建一条南北走向的大街，成为从广湛公路进入水东的第二通道。

同时，城市自来水扩建也正式开始。1983 年，在镇西的新村增建大型自来水厂。县里投入资金2000多万元，建设一条2.5公里长引水渠，增建一套14400吨日净水池、一个1000吨清水池、液氯投药室，更新改造供水泵房设施。1985年新自来水厂建成投产，日供水能力由8000吨提高到12000吨。1985年7月正式成立电白县自来水公司。1990年三角圩自来水厂投产，年供水量7500吨，供三角圩片区民居和工业用水。是年对城区的东阳、澄波、解放、忠良4条街供水管道改造扩大，铺设上排、咸水田、关草田等新开发区的管网及海滨新区至向阳大道部分管网。至1993年，先后完成15个大项目技改，日供水能力从1.5万吨增至3万吨，供水面积6平方公里，供水人口8万多人，用户6441户。1999年县城供水量592万吨，其中工业用水37万吨，建筑用水26万吨，管理用水84万吨，生活用水445万吨。

1985～1987年，羊角、陈村、电城、博贺等镇自来水厂相继建成投产。其中羊角自来水厂日供水量5000吨，满足圩内及近郊3万多人的生活用水及工业用水。博贺镇自来水厂日供水量1.2万吨，可解决镇内2.1万人口及渔港工业、船舶用水。

1986年1月，第一版县城规划蓝图《电白县县城水东镇1985—2000年总体规划》由茂名市政府批准实施。城区功能继续是电白县行政中心、经济中心、文化中心，城区由水东镇沿人民路（旧325国道）往北向三角圩线状发展。

1988年，动工兴建60米宽的向洋大道。

1990年，县城水东主要街道宽8～40米，总长约19公里。

全县水陆交通继续发展。水运方面，1987年1月，在水东湾出海口炮台始建水东新港区。同年10月，国务院批准电白县为沿海开放区，水东迎来了发展新机遇。1988 年 1 月，水东新港区 500 吨码头投入营运。同年 11 月，国务院批准水东港为对外开放口岸。1990 年 4 月，开工疏浚万吨级航道 8.1 公里。竣工后，3 万吨巨轮可以进入水东港。同年 10 月，茂名石油公司投资 1.2 亿元，在炼油厂至水东港之间修建输油管道，长 36.4 公里，年输油量达 150 万～280 万吨。

陆路方面，1991 年，经过电白那霍、沙琅、霞洞、林头、羊角五镇的三茂铁路建成通车。

至此，电白形成了水路、陆路、铁路全覆盖的交通网络。

1991 年 3 月，第二版县城规划蓝图《大水东城区总体规划（1991—2010）》编制完成，规划控制区含水东、南海、沙院、七迳、陈村等个镇部分辖区，规划控制区用地面积 21 平方公里，人口规模 24 万。

截至 1992 年年底，县城建成区约 8.5 平方公里，常住人口 6 万。

1993 年建设宽 40 米、长 3.8 公里向阳大道（现迎宾大道南）。

1994 年 5 月，电白县政府根据《茂名市总体规划（1993—2010）》，对《大水东城区总体规划（1991—2010）》进行修编。《大水东城区总体规划（1993—2010）》规划区以原水东镇为中心，将邻近的陈村、七迳、沙院 3 个镇的部分用地纳入规划区范围，形成高水公路以东、寨头沟以西的“大水东城区”，城区功能还是县行政中心、经济中心、文化中心，规划控制区面积 38 平方公里，人口规模 25 万。

1995 年 11 月，撤销陈村镇并入水东镇，县城城区面积增加17平方公里。至此，县城水东主要街道全部实现硬底化，各镇道路网络也逐步形成。

1996年10月，县委、县政府决定搬迁办公大楼，将县行政中心东移到海滨大道1号。三年后，总投资3200多万元的县委、县政府、人大、政协综合大楼正式投入使用。至此，新的县行政中心形成。

在此期间，乡镇规划编制工作也正式开始。电白县人民政府先后邀请中国城市规划设计院、沈阳城市规划设计院和中山大学地理系等规划设计单位分别对全县25个镇的总体规划进行修编。截至1998年，全县25个镇均完成总体规划的编制。

农村圩市也开始发生质的巨变。随着乡镇企业的兴起，成千上万的农民洗脚上田转为从工、从商，其居住地由农村转入圩市。因此，圩集人口大增，圩镇建筑面积成倍扩大，建筑结构也发生了巨变。3~6层的楼房也多了起来。新建街道多数是在原有基础上加向外延伸，但比过去多了计划性，且注意发展前景。大力扩宽街面，一般达到10米左右。有的达到20多米，两边还另留有人行道。

随着农民收入的明显增加，农村一些先富起来的农民开始单家独户营建楼房，多为混合结构。一些需要建房又暂时缺少资金的农户，一般是先建好楼房基础，并建成一层平顶房暂住，俟日后积蓄了足够资金再圆楼房梦。总之，建造楼房已成为农村住宅的发展方向。这对改善农民居住条件、节约建筑用地、减少木材消耗等方面都有极大好处，是历史性的一大进步。

1999年，全县圩集农贸市场总面积扩大到18.89万平方米。其中混合结构的建筑10.8万平方米，钢筋水泥结构的建筑8.09万平方米。

县城房地产业开始进入起步发展阶段。自1983年至2000年，多个居民住宅小区在县城拔地而起。

1983年，由水东镇政府负责建设的新湖居住小区开建。该小区东至西湖，西接国道325线，南到新湖路，北至城岭路，用地面积约110公顷。小区规划以多层住宅为主，配套有学校、集贸市场、商场等，至2000年小区基本完成。

1985年，由三角圩房地产开发公司开发建设的三角圩开发区始建，该区东与向阳大道相连，西倚S281七那公路，南至国道325线，北与七迳交界，用地面积约60公顷。开发区内设一区、二区、三区、四区、商业区、老干区和电海新村等7个小区，先后建起电海中学、实验中学、成人中专、杨梅小学、三佳文化广场等，配套银行、邮政局、汽车站、酒店，设建材商场、家具商场和三角圩农贸市场等。其中三角圩农贸市场占地面积3000多平方米，是海产品批发集散地。2000年底，开发区初具规模。

1989年，由县政府规划建设的咸水田居住小区开建。该小区位于县城人民路以西城岭路以北，用地面积34公顷。小区以多层住宅为主，街道有咸水田一路、二路，配有市场、药材一条街等设施。

1989年，由县规划办与县房地产发展总公司联合开发建设的上排垌居住小区开建，该小区位于县城政法路以东、上排路以西，面积33.7公顷。小区以多层住宅为主，配套建有上排垌市场、银行、学校、商铺等，至2000年，小区配套基本完成。

1992年，由电白飞鹏房地产有限公司开发建设的海滨新区拉开帷幕。该新区于1990年开发规划，东南临水东湾，西北至海滨大道，北靠海滨大道，用地面积约70公顷，是集商住、办公、旅游业为一体的综合开发区。其中，别墅区、丽涛花园一至六期最为著名。

文教卫生发展飞快。文化体育设施建有县图书馆、文化馆、博物馆、工人文化宫、人民电影院、工人电影院、文化剧场、体育运动场、灯光球场、广播电视台等。截至2000年，全县有幼儿园107所，在园幼儿10089人，教师713人；公办小学477所，民办小学7所，5598个班，毕业人数32709人；初中学校48所，教学班1459个，学生80262人，教职工3060人；普通高中17所，教学班204个，高中在校生12614人，教职员工641人。此外，还创办了电白师范、电白中专、电白党校、电白职校、电白农校、电白教师进修学校、广播电视大学、老年大学等多所职业教育学校，为国家培养了数以万计的人才。

3 滨海新城

进入21世纪以来，电白城乡发生了翻天覆地的巨变。

2000年，县城新、改、扩建街道21条，主要街道宽8~40米，总长27公里。同时，全县完成小区详细规划90个，规划面积380公顷。全县编制175个中心村规划，32个自然村规划。

2003年开始扩建东湖，清理淤泥，修建东北角广场，向东北面扩大湖面，修建环湖绿道，重点建设冼太广场等，东湖公园建成面积扩大到6.5公顷。同年年底，对县城主要街道人民路、新湖路进行改造，拓宽至34米，全长5.8公里沥青路面改造为水泥砼路面。同年40米宽海滨大道开工建设，2004年底建成县政府至新一中段2.3公里，之后全长3.3公里的海滨大道全面建成通车。

2004年，沙琅镇委托吉林省城乡规划设计院对该镇总体规划修编，规划控制区约21平方公里。沙琅新城正在崛起。

2004年，投入近2亿元、占地34公顷、建成90个教学班、5400多个优质学位的国家级示范性高中——电白一中新校区建成投用。电白中学、电海中学、水东中学、实验中学、东城中学、春华学校等县城学校继续扩大发展，其每年招生规模多达数万人，考上大学的则接近1万人。

其间，全县医疗卫生长足发展，新增门诊大楼多家，现代医疗器械和床位不断增加，医疗卫生水平空前提高。在饮用水方面，新增泰村、那良村、田头村等村级水厂以及林头、旦场、树仔、电城、岭门、马踏等镇级水厂，全县自来水供水能力达到15万吨/日。

电白的交通基础设施建设更是突飞猛进。

2003年11月，沈海高速公路（G15）茂名段建成通车，沿途设置马踏、观珠、林头、茂名4个出入口与地方公路连接；2011年7月18日，经过电白境内的洛湛铁路开通营运；2013年6月25日，经过电白的包茂高速（G65）茂名段开工建设；2014年起，沿海高铁（粤西段）、汕湛高速也相继动工。这样，电白就形成了贯通东西南北的“四横”：325 国道、深茂高铁、沈海高速、汕湛高速；“四纵”：进港大道、水（东）霞（洞）大道、新港大道、包茂高速的立体交通网络。至 2014 年末，电白公路通车总里程 7003 公里，其中高速公路 48.2 公里，国道 64.6 公里，省道 153.1 公里，县道 238.8 公里，乡道 1442 公里，村道 5056 公里。县城有 4 座短途、长途客运站投入使用。

电白沿海的水路交通运输也日臻完善：粤西中心枢纽茂名港包括水东港区、博贺港区、吉达港区，是国家一类对外开放口岸，广湛水陆交通线的中心点，东接珠三角，西临北部湾，南濒南海，面向东南亚，北靠广阔的大西南、中南地区，距澳门 184 海里，距香港 202 海里。1919 年，孙中山在《建国方略》中，将茂名港规划为九大商港之一“以容巨船”。该港是广东省区域性重要港口，国家沿海港口布局规划的珠三角地区港口群中进口石油、天然气接卸中转储运系统的主要港口，交通部规划的全国沿海港口大型货主码头，也是国家四大进口原油接卸港。已建成 500 吨、3000 吨、5000 吨、1 万吨、2 万吨、3 万吨及 30 万吨级等各类码头泊位 16 个（不含旅游、渔业等码头），其中万吨级以上泊位 9 个，港口年吞吐能力达到 2560 万吨。建有全国首座 25 万吨级单点系泊原油接卸系统，有罐容近 111.2 万立方米，输送管道 250 公里，年输送能力达 1800 万吨。港区规划吞吐能力 3.5 亿吨、76 个万吨以上的码头泊位，其中 30 万吨级码头泊位 1 个，20 万吨级码头泊位 2 个。现有国际海运企业 6 家，沿海水运企业 16 家。旅客年客运量 15 万人次。

茂名港以“依托大型深水良港，打造重化工业平台”的发展思路，建设石油化工、电力、冶金、造船、机电制造、港口物流六大产业，打造以石化、电力、钢铁三大支柱产业为主导的华南地区临港重化工业产业集群。

另外，即将迁建的粤西航空港（湛江新机场）距离电白不到20公里。公共交通普及各镇各行政村，人们生活及出行极为方便。

至此，电白境内形成机场、铁路、高速公路、国道、水路路网相连、四通八达的全方位水陆空交通网络。

电白城市规划编制进一步加快。

2006年6月，县城第三版规划蓝图《电白县城总体规划修编（2005—2020)》编制完成。城市性质：茂名市区副中心，电白县行政中心、文化中心、商贸中心；重点发展创新特色资源加工业和承接珠三角转移产业；具有文化魅力的海滨城市。

2012年，电白县城市规划管理局和林头镇政府联合委托深圳雅克设计有限公司完成林头镇总体规划修编，远期城镇人口规模为15.3万人，用地规模为16.6平方公里。

同时，县政府对县城西湖、东湖进行全面整治，清理淤泥，改造西湖东北角广场，改建南堤、西堤、九曲桥，修建两湖环湖栈道、绿道，装饰四面彩灯等。县城东湖公园、西湖公园面貌焕然一新，游人如织。

县城水东城区面积扩大到49.2平方公里，人口20多万人。

2012年12月，县城第四版规划蓝图《广东省茂名滨海城市总体规划（2012—2030）》经广东省住房和城乡建设厅审查通过。电白作为主体的茂名滨海新区规划总面积1688平方公里。其城市性质为：粤西地区重要的经济中心、文化中心，茂名市政治中心，以石化、能源动力、装备制造、新材料、电子信息、旅游休闲、港口物流、海洋产业为主导的宜居宜业、富有魅力的现代化国际化滨海新城。

滨海新区城区建设用地规模在近期、中期、远期分别为：2015年85平方公里；2020年135平方公里；2030年227平方公里。即至2030年滨海新区城市建设用地控制在227平方公里以内。

城市建设区范围内城市人口预测：根据滨海新区范围内15个建制镇城镇人口预测，则滨海新区城市建设区范围内城市人口规模在2015年、2020年、2030年分别达到55万人、96万人和170万人。

2013年7月5日，随着茂名市委、市政府实施“滨海发展战略”的全面启动，规划面积约168平方公里的广东茂名水东湾新城成立。2020年规划常住人口规模为63万人，2030年为95万人。其发展总体目标为：立足茂名，服务粤西地区，辐射珠三角乃至泛珠三角内陆腹地，将水东湾新城建设为茂名城市新的中心，打造成为亚热带滨海景观优美、生态良好、服务完善、宜居宜业，体现魅力、健康、共享、宜居理念的现代化海韵绿城。

2014年4月18日电白区挂牌成立，水东城区规划、城区建设从滨海渔村、滨海小镇跨越到茂名市滨海新区城市主城区，茂名市城市新中心——水东湾新城。

2014年，电白区委、区政府重点推进水东大道、迎宾大道、向洋大道、安乐东路、兴华路、登步路、新城大道、海滨跨海大桥、人民广场“七路一桥一广场”建设，城区主要街道总长超过50公里。同时，大力推进“城乡卫生清洁工程”，城乡面貌发生了喜人的变化。

电白城区别墅群

325国道电白大道西段

2014年，随着茂名职业技术学院、茂名健康职业学院的开工建设，结束了电白没有高等院校的历史；同时，随着茂名一中新校区、茂名人民医院新门诊部的相继投入使用，使电白的文教卫生事业突飞猛进；另外，电白教育创强工作也相继通过省督导验收，单是主城区就拥有职业教育学校4所、高中学校4所、初中学校5所、小学23所、幼儿园16所，教育设施用地112公顷，在校学生8万多人。文化体育设施在原有的馆、站、影院、广播电视台等基础上，增建了茂名市群众艺术中心（市民公园）、区文化中心和拥有5012个座位的区体育馆，还有多家羽毛球馆、乒乓球馆、桌球馆等投入使用，大大满足人民群众日益增长的健身强体需求。

2014年，全区实现生产总值516.79亿元，同比增长10.3%；人均地区生产总值31218元，增长9.90%；固定资产投资224.83亿元，增长33.70%。社会消费品零售总额210.87亿元，增长9.50%；地方公共财政预算收入20.84亿元，增长16.90%；城镇居民人均可支配收入18982元，增长10.50%；农村居民人均可支配收入11970.5元，增长12.00%。在茂名市经济社会发展考核中名列第一位。

电白的房地产业更是飞快发展。城区房地产建设进入高速发展时期，主要房产由高密度多层单家小住宅向低密度高层高端大型社区发展。最著名的成熟楼盘有：茂名碧桂园城市花园、怡景湾海岸豪庭、安泰华府、盈翠生态园（含棕榈园）、黄金海岸、飞鹏一至六期、嘉和豪庭、御景豪庭、御林景苑、海景明珠、宏丰家园等。在建中的有滨海绿洲、滨海湾1号、水东湾1号、金裕世家、合富花园等。其中茂名碧桂园城市花园（又名水东碧桂园）位于滨海新城区环城东路，紧贴海岸线，根植水东湾，占地340公顷，以联璧美别墅和观海洋房为主，社区内还建有五星级标准凤凰酒店、商业中心、交通中心、小学、幼儿园等配套设施。

水东湾跨海大桥

截至2014年年底，全区房地产竣工面积113.6万平方米，在建面积193.4万平方米。年销售面积31.9万平方米，年销售额13亿多元。全区从事建筑行业的大中型建筑公司迅速发展到38家，建筑老板超过500人，从业人员8万多人。并涌现了香港华宝国际控股有限公司、香港集美集团、缅甸永源集团、香港贵联控股国际有限公司、深圳天利地产集团有限公司、深圳万利加集团控股有限公司、广州东凌集团有限公司、深圳市波顿香料有限公司、深圳市深装总装饰工程工业有限公司、广州恒鑫集团有限公司、广东正域投资集团有限公司、广州金辉建筑置业有限公司等众多知名上市企业。

同时，区委、区政府大力推进安居房建设。至2014年年底，全区建起各类保障房（公租、廉租房）1491套94719.7平方米，已安置入住1033户。人民群众安居乐业，和谐电白一派升平。

另外，电白在城镇化建设进程中十分注重保护与传承传统文化。除了加大城区人民路、西湖路、东湖路的扩建改造外，还引入资金建设水东湾海洋公园、水东海堤观海平台、文化长廊等建设。在对城区商业开发中，对古老的水东忠良街骑楼加以保护，严禁拆除开建新的房地产项目，并由政府出资，按照“街巷肌理、建筑高度、建筑风格相统一”和“保护为主、合理利用、加强管理”的原则，将这一具有南洋风情、亚热带民居特色的骑楼进行统一改造，建成一个建筑风格鲜明、基础设施完备、街区管理完善、拉动消费作用明显的特色商业街和以经营沉香及文化旅游产品为主的步行街，使其成为电白城市发展的新景观、新名片、新亮点。对镇村传统的客家围屋、连体楼则做好开发利用和保护工作。如沙琅塘砥月朗口山庄“三踏六笔塔九拖廊”等客家传统民居，通过做过细的群众工作，进行修缮和加以利用，使传统民居遗迹及原貌得以保存。对城区传统的连体楼，则通过注入新时代设计元素，使现代连体居民楼焕发了青春活力。

在重大文化交流活动方面，则通过举办岭南圣母（冼太夫人）文化节等大型文化活动，邀请来自全国各地的民俗专家、冼夫人研究专家学者欢聚一堂，共商弘扬冼夫人爱国主义精神，打造冼夫人文化品牌大计。还有就是通过举办传统的龙舟竞渡、现代的沙滩排球赛、荔枝节荔枝小姐和旅游节旅游小姐竞选等大赛活动，扩大了电白传统文化的宣传，促进了招商引资和重大建设项目的引进，推进了经济社会发展，取得了令人鼓舞的成果。

疑是天山飞南粤

参考文献

1. 中华民国《电白县志》，1946 年油印本。
2. 《人民日报》，1959 年 4 月 1 日一版。
3. 《南方日报》，1960 年 6 月 6 日一版。
4. 《人民日报》，1963 年 2 月 17 日二版。
5. 《人民日报》，1965 年 3 月 11 日一版。
6. 黄秋耘：《往事并不如烟》，花城出版社，1987。
7. 《电白县志》，中华书局，2000。
8. 《习仲勋主政广东纪实》，中共党史出版社，2007。
9. 《中国共产党电白历史（1924—1949）》，中共党史出版社，2011。
10. 《中国共产党电白历史（1949—1978）》，中共党史出版社，2013。
11. 《电白县志》，广东人民出版社，2013。
12. 《电白县党史资料汇编》，北京大学出版社，2014。
13. 《电白年鉴（2009）》，北京大学出版社，2009。

14.《电白年鉴（2010）》，北京大学出版社，2010。

15.《电白年鉴（2011）》，北京大学出版社，2011。

16.《电白年鉴（2012）》，广东人民出版社，2013。

17.《电白年鉴（2013）》，广东人民出版社，2014。

18.《电白年鉴（2014）》，广东人民出版社，2015。

后　记

《电白史话》是“十二五”国家重点图书出版规划项目《中国史话》系列丛书之一，也是中国社会科学院社会科学文献出版社组织实施的大型国家级历史文化系列丛书之一。该书旨在把千年古县电白的历史、人文景观和自然景观以生动活泼的文字、图片展示给广大读者。该丛书由中国社会科学院成立的编委会负责指导编撰工作，并由编委会主任陈奎元作总序；中共茂名市委常委、电白区委书记、茂名市水东湾新城党工委书记、《电白史话》编委会主任刘小涛对该书的编写工作负总责并作序；电白区委副书记、区长、编委会常务副主任华翠，区委常委、区委办公室主任杨育平，区委常委、区委宣传部部长、编委会副主任刘坚，副区长、编委会副主任张梅给予了具体指导；电白籍老领导、原茂名市政协主席吴兆奇就部分章节提出了中肯的修改意见；90 高龄的广东石油化工学院历史学副教授、编委会成员李爵勋对全书严格把关并对有关史实提出了极其严谨的意见；编委会成员、区委宣传部副部长黄增期，区文广新局局长、编委会办公室主任赖胜具体策划、组织；编委会其他成员区发改局局长肖锋、区党史地志办主任汪椿涛、区档案局局长黄国、区广播电视台台长何天统、区新闻中心主任杨柳榕、区文联主席陈明校、区社科联主席崔小江等也为本书的编写给予了大力支持。

本书的编写工作得到电白区委、区政府的高度重视，并由区委宣传部牵头，由区史志办副主任吴兴旺（吴望星）任执行主编，具体负责全书总纂。参加撰稿的有吴兴旺（引言、后记、第一章、第二章及总纂），赖胜、陈喻瑜、谢文明、陈愿、何玲（第三章），高远鹊、陈群、卢怡文、黄桦（第四章），容景良、王晓光、黄亮（第五章）等。老同志崔文明、李繁荣、吴生、招贤、钟和贵及长篇历史小说《冼夫人》的作者崔伟栋等提供了珍贵的史料并提出了很好的指导和修改意见；曾庆鑫、刘泰、吴文华、钟东标、周启昌等也在图片资料方面给予大力支持，在此一并表示由衷的敬意和衷心的感谢！

亲爱的读者，电白悠久丰富的历史浩如烟海，史料繁多，但限于篇幅，这里仅撷取了个中几朵浪花，仅供大家一个寻访电白历史文化蕴藏的线索图。因时间紧迫，缺点错误在所难免，对书中不足，恳请读者批评指正。

《电白史话》编委会

2015 年 6 月

图书在版编目（CIP）数据

电白史话/刘小涛主编. —北京：社会科学文献出版社，2016. 3

（中国史话）

ISBN 978 - 7 - 5097 - 8930 - 8

Ⅰ. ①电… Ⅱ. ①刘… Ⅲ. ①区（城市）- 地方史 - 茂名市 Ⅳ. ①K296. 53

中国版本图书馆 CIP 数据核字（2016）第 058548 号

"十二五"国家重点图书出版规划项目

中国史话 · 社会系列
电白史话

主　　编 / 刘小涛

出 版 人 / 谢寿光
项目统筹 / 宋月华　谢　安　　责任编辑 / 赵　禾　王　和

出　　版 / 社会科学文献出版社 · 史话编辑部（010）59367143
地址：北京市北三环中路甲 29 号院华龙大厦　邮编：100029
网址：www. ssap. com. cn
发　　行 / 定制出版中心（010）59366509　59366498
市场营销中心（010）59367081　59367018

印　　装 / 三河市尚艺印装有限公司
规　　格 / 开 本：889mm × 1194mm　1/32
印 张：7. 5　插 页：0. 125　字 数：157 千字
版　　次 / 2016 年 3 月第 1 版　2016 年 3 月第 1 次印刷
书　　号 / ISBN 978 - 7 - 5097 - 8930 - 8
定　　价 / 25. 00 元

本书如有印装质量问题，请与读者服务中心（010 - 59367028）联系